De laatste wens van Moek

Albert Heringa

DE LAATSTE WENS
VAN MOEK

EEN ZELFGEKOZEN LEVENSEINDE

2013
UITGEVERIJ DE BROUWERIJ
MAASSLUIS

De titel van dit boek is ontleend aan de gelijknamige documentaire van Nan Rosens. Deze wordt op DVD achterin het boek meegeleverd.

Eerste druk

© 2013 Albert Heringa
www.albertheringa.nl

Foto omslag: Ben van den Belt
Omslagontwerp: Michael Tak

BRAINBOOKS
www.uitgeverijdebrouwerij.nl
ISBN: 978 90 78905 69 1
NUR: 320

Voor Minne en Aafke

"Ich bin zu sterben bereit"

INHOUD

PROLOOG

Dinsdag 23 februari 2010. In een kale witte ruimte van vier bij vier meter zit ik tegenover twee rechercheurs, een man en een vrouw, die me over hun computerscherm heen aankijken. De man stelt me vragen die kennelijk op zijn scherm staan, de vrouw typt de antwoorden die ik geef ertussenin. Links, schuin achter mij, zit Willem Anker, mijn advocaat. Hij mag bij uitzondering bij dit verhoor aanwezig zijn, maar moet wel zijn mond houden. Ergens voor me, onopvallend, bevinden zich camera's die alles opnemen.

Op mijn vest zit een badge waarop met grote letters staat dat ik 'Gast' ben van de politie Noord- en Oost-Gelderland. Dat klinkt heel welkom en ik ben ook buitengewoon vriendelijk en voorkomend ontvangen in dit grote, moderne regionale politiekantoor in Apeldoorn. Er zijn zelfs excuses gemaakt voor deze steriele locatie, die is gekozen vanwege de aanwezige opnamemogelijkheden van beeld en geluid. En inderdaad doet het gebouw, waarin deuren alleen met pasjes geopend kunnen worden, weinig om je welkom te laten voelen. Maar ondanks alle egards zit ik hier toch echt als verdachte.

Ik word verdacht van 'hulp bij zelfdoding', iets dat in Nederland in een apart wetsartikel (294 Sr) expliciet verboden is. Twee weken eerder, op 8 februari, is 'De week van het voltooid leven' ingeluid door de Nederlandse Vereniging voor een Vrijwillig

11

Levenseinde (NVVE). Dat gebeurde met de bijna integrale vertoning van de film 'De laatste wens van Moek' in het NCRV-programma Netwerk. Daarin is te zien hoe Moek, mijn moeder, pillen tot zich neemt waaraan ze hoopt te sterven, en waarom ze dat doet: ze wil niet meer, ze vindt dat ze lang genoeg heeft geleefd, ze wil geen honderd worden. Ook is te zien hoe ik haar daarbij help.

Hoewel mijn moeder dit al precies anderhalf jaar eerder succesvol heeft gedaan, is dat door de film nu pas algemeen bekend geworden en is dus ook mijn aandeel in de openbaarheid gekomen. Mijn hulp is iets wat de wet verbiedt, vooral omdat ik geen arts ben. Dat was natuurlijk bekend en we waren erop voorbereid dat het Openbaar Ministerie (OM) dit niet zo maar zou laten passeren. Om te voorkomen dat het OM in de uitzending aanleiding zou zien de politie op mij af te sturen, om mij de volgende ochtend in alle vroegte van mijn bed te lichten, heeft advocaat Anker het OM kort voor de vertoning ingelicht over het aan de orde komen van een 'strafbaar feit'. Hij heeft hen op het hart gedrukt dat ik in alle opzichten zal meewerken en openheid van zaken zal geven. De ervaring heeft namelijk geleerd dat het OM en de politie de gewoonte hebben nogal onbehouwen en onnodig intimiderend op te treden, ook al is daar geen justitieel belang mee gediend. Wij waren er klaar voor de volgende ochtend verantwoording te moeten komen afleggen, maar er gebeurde niets.

Tien februari, twee dagen na de vertoning van Moeks film, is er weer een uitzending van Netwerk waarin de hulp bij zelfdoding aan de orde komt. Daarin word ik samen met Willem Anker in zijn kantoor geïnterviewd en wordt gekeken naar de gevolgen die het openbaar worden van mijn hulp aan Moek zou kunnen hebben. Ook dan is nog niet bekend wat er gaat gebeuren. Het Openbaar Ministerie neemt er ruim de tijd voor en laat ons de eerste weken met rust. Aangezien Moek in Ermelo is overleden, valt de zaak onder de politie van Harderwijk en daarmee het OM van Zutphen, maar omdat daar niet de vereiste medische expertise aanwezig is, wordt de officier van justitie mevrouw mr. J. Kolkman in Arnhem ermee belast.

We zijn verbaasd dat we pas twee weken later moeten verschijnen, hoewel de hulp die ik gegeven heb evident de gangbare jurisprudentie heeft overschreden. Ongetwijfeld speelt de publiciteit die de film heeft gekregen daarin mee, maar of dat alles verklaart?

Het verhoor duurt maar liefst zes uur. Er worden veel vragen gesteld over Moek, over mij, over onze relatie, over het waarom van haar daad, over hoe het gebeurd is en wat mijn rol daarbij was. Niets wordt overgeslagen. Het valt me op dat ze zich vrij strak houden aan de vragen, die waarschijnlijk met of door het OM zijn geformuleerd. Aanvullende vragen, die mij voor de hand lijken te liggen, worden vaak niet gesteld.

Desondanks leidt het verhoor mij terug naar heel veel herinneringen, eigenlijk te veel om allemaal in dat verhoor kwijt te kunnen. Moek was in al haar bescheidenheid en bewuste onopvallendheid, een aparte vrouw: bijzonder gewoon en gewoon bijzonder, tot en met haar wens zelf een einde aan haar leven te maken, wanneer ze vreest dat de dood haar aan het vergeten is.

Het verhoor begint eenvoudig[1]:
'Hoe gaat het met u?'
'Uitstekend.'
'Bent u in staat om een verklaring af te leggen?'
'Ja hoor. Ik ben wel blij dat het nu eindelijk een keer gebeurt.'
'Hoe voelt het voor u om hiervoor op het politiebureau te zijn?'

---

1 De dialogen zijn een letterlijke weergave van het proces-verbaal. Ook in de rest van het boek zijn de door de rechercheur gestelde vragen afkomstig uit het proces-verbaal van dit verhoor.

'Een beetje onwennig. Ik ben wel eerder op een politiebureau geweest, maar voor gebruikelijke aangiftes. Ik was er natuurlijk op voorbereid dat dit verhoor zou komen.'

'Hoe zit Albert Heringa in elkaar?'

'Ik wil wel graag duidelijk maken wie ik ben, maar ik zou niet weten wat ik hierop nu moet zeggen.'

De talrijke vragen die volgen brengen me uiteindelijk tot een veelzijdige terugblik op het leven van Moek en de gebeurtenissen die tot haar zelfgekozen levenseinde hebben geleid, nu bijna twee jaar eerder.

ZO BEGON HET

Na wat inleidende vragen gaat de rechercheur verder over hoe het allemaal begonnen is, over de 'gezinsomstandigheden' in mijn kindertijd. Na even op zijn scherm te hebben gekeken, kijkt hij mij weer aan en vraagt: 'Hoe oud was u toen Moek in jullie gezin kwam?'

Het verbaast me dat de politie zo familiair over 'Moek' spreekt in deze toch nogal formele situatie, maar het stoort me niet. Ik neem de tijd voordat ik antwoord.

'Ergens in het najaar van 1945 kwam zij na lang aarzelen op verzoek van mijn vader naar Amsterdam, om als huishoudster de zorg voor ons gezin op zich te nemen. Het was de periode waarin ik drie jaar werd.'

Moek, dan nog alleen Marie van der Borgh geheten, komt in een verbrokkeld gezin terecht, bestaande uit de twee geheel verweesde meiden El en Nol van achttien en zestien jaar, en twee half verweesde kinderen: mijn zusje Anseke van vijf, die het syndroom van Down heeft en ikzelf, drie jaar oud. Anseke is, hoe lief en vrolijk ook, het zorgenkindje van het gezin. Voordat Marie bij ons komt, is het gezin gedurende ongeveer anderhalf jaar verspreid geweest over vijf adressen.

Onze moeder Anna Jongbloed, 'Mammie' was al op haar 32ste, met twee jonge dochters, weduwe geworden van Albert Karssen. Ze begon toen voor de kost een pension in hun net nieuw betrokken huis in Amsterdam-Zuid en dat hield ze aan toen ze in 1938 met mijn gescheiden en nogal berooide vader Carel Heringa trouwde. Hij was, als hoogleraar histologie aan de Gemeentelijke Universiteit van Amsterdam, de werkgever geweest van Albert Karssen.

Gedurende de oorlog waren er tussen de pensiongasten ook enkele ondergedoken Joodse vrouwen. Die zijn kennelijk verraden en op 22 februari 1944 werd Mammie met de aanwezige onderduikers gearresteerd. Ik was toen bijna anderhalf jaar. Mijn nogal uitgesproken vader was medio 1943 verbannen naar Assen, na een groot deel van 1942 al als gijzelaar te hebben vastgezeten in Amersfoort en Haaren. Hij woonde dus niet thuis en werd daardoor vermoedelijk niet in verband gebracht met deze onderduik.

Zonder aanwezige ouders moesten de vier kinderen elders worden ondergebracht: de twee oudere meiden, mijn halfzussen dus, bij schoolvriendinnen, mijn zusje bij onze oma een paar straten verderop. Buren van oma, het kinderloze echtpaar Ribbius, boden aan voor mij te zorgen, omdat er bij oma voor mij nauwelijks plaats was.

In januari 1945 ontving mijn vader, toen 54 jaar en inmiddels ondergedoken in Amsterdam, het bericht dat Mammie, 43 jaar oud, aan tyfus was overleden in het ten noorden van Berlijn gelegen concentratiekamp Ravensbrück. Daarheen was ze afgevoerd op 'dolle dinsdag' 5 september 1944, na vijf maanden in Kamp Vught te hebben vastgezeten, dat toen werd opgeheven. Het bericht van haar overlijden kwam als een onverwachte, zware schok. Hij zocht al meteen naarstig naar een oplossing voor het gezin, voor als de aflopende oorlog voorbij zou zijn.

Wat er na het einde van de oorlog en vóór de komst van Marie met de verschillende gezinsleden gebeurt, waar die verblijven, is mij niet bekend. Vermoedelijk zijn mijn zussen en ik tot die tijd gebleven waar we tijdens de oorlog logeerden en mogelijk geldt dat ook voor mijn vader. Hij zal ondertussen wel het nodige gedaan hebben om het huis weer in te richten, dat daags na Mammies arrestatie grotendeels is leeggehaald. Een aantal zaken, zoals de grote tafel en de moderne stoelen van mijn moeder en wat meubels voor de kinderen, zoals een commode, tafeltjes en stoeltjes, herinner ik mij uit mijn jeugd. Die zijn dus niet geconfisqueerd of weer teruggekomen.

Al binnen een jaar is mijn vader blijkbaar zo getroffen door de warme, zorgzame en zelfstandige kwaliteiten van Marie, dat hij haar ten huwelijk vraagt. Ze trouwen op 18 december 1946. Zij is dan 38 jaar en dit is haar eerste vaste relatie. De voltrekking gebeurt puur administratief en beiden komen op eigen gelegenheid naar het stadhuis. Zoals wel vaker, komt mijn vader nog bijna te laat. Er is niemand bij en er worden ook geen foto's gemaakt.

Hoe de naam 'Moek' is ontstaan, is moeilijk meer te achterhalen. Vrijwel zeker is Anseke de bron en ik vermoed dat wij anderen die naam al spoedig hebben overgenomen, op El na. Hoe dan ook, het is een gelukkige vondst, naast de afwezige 'Mammie', wiens herinnering natuurlijk bij iedereen nog sterk leeft. Zonder die herinnering geweld aan te doen, is met Moekie, zoals ze aanvankelijk wordt genoemd, een goed, huiselijk alternatief gevonden. Dat wordt later versimpeld tot Moek en zo is Marie altijd Moek gebleven.

De rechercheur wacht tot zijn collega mijn antwoord ingevoerd heeft en kijkt dan weer op zijn scherm. 'Wat betekende dat in het gezin?' leest hij op.

'Met haar komst werd iedereen weer herenigd op het oude adres en kon er weer sprake zijn van een min of meer echt gezin.'

Hoewel Moek bepaald niet zonder ervaring bij ons komt, moet

het voor haar een gigantische opgave zijn geweest om dit verknipte, beroofde en getraumatiseerde gezin te bestieren en weer tot een bijna harmonische eenheid terug te brengen.

Om te beginnen hadden mijn twee veel oudere halfzussen El en Nol het al erg zwaar. Na hun vader jong te hebben verloren, waren ze nu ook hun moeder definitief kwijt. Voeg daarbij de onrust van het drukke pension, de komst van een stiefvader, de spanning van de onderduikers in huis, een heel onregelmatig schoolbezoek, de gedwongen langdurige 'logeerpartij', de kwetsbare leeftijd – en je hebt het recept voor een explosief potentieel. Beiden hebben er natuurlijk zelf ook aan bij gedragen dat binnen beheersbare grenzen te houden, maar de rol van deze nieuwe huishoudster kan daarbij moeilijk worden onderschat. Ze noemen haar aanvankelijk 'tante'.

Als Moek bij ons komt is Anseke nog niet geheel zindelijk en als 'mongooltje' vereist ze natuurlijk een speciale benadering. Ze is de oogappel van oma Jongbloed (Mammies moeder), die tijdens de oorlog voor haar heeft gezorgd. Op afstand heeft oma nog lang geprobeerd zich met haar verzorging te bemoeien, onder andere door pijpenkrullen voor haar te blijven vereisen, die ze zo schattig vindt staan, maar die erg bewerkelijk en ongemakkelijk zijn. Tot Moek zich op een gegeven moment afvraagt: 'Wat heb ik eigenlijk nog met oma te maken?' en ze zelf het heft in handen durft te nemen.

Er komt meteen veel op Moek neer. Mijn vader is een zeer drukbezette man met twee, dan nog slecht betaalde, banen. Daarnaast is hij op allerlei manieren onbetaald actief. Het is een zeer bevlogen, vooruitstrevende en idealistische man met een groot gevoel voor maatschappelijke en sociale rechtvaardigheid, maar ook dominant, veeleisend en ascetisch. Door kinderverlamming is hij slecht ter been, maar desondanks (of daardoor?) gedreven door onstuitbare energie en een groot doorzettingsvermogen.

Het moet ongetwijfeld een hele kunst geweest zijn de moed erin te houden met de vier – ieder op hun eigen wijze – getraumatiseerde kinderen. Zonder enige twijfel kan worden gezegd dat Moek de haar opgelegde en veeleisende taak op een voortreffelijke en bewonderenswaardige wijze heeft vervuld. Hoewel ik me dat zelf toen uiteraard nog niet bewust was, hebben meerdere bronnen daarvan achteraf getuigd. Een oude schoolvriendin van Nol, die destijds bij ons thuis is geweest, sprak later vol bewondering over de rust en stevigheid die Moek in die begin jaren uitstraalde. Ook oma Jongbloed en haar andere dochter, onze tante Puck, hebben haar innemende en zelfstandige kwaliteiten snel leren waarderen en de band tussen Puck en Moek is altijd heel warm gebleven.

Het meest overtuigende bewijs is toch wel dat mijn vader, met zijn gehavende relatie-ervaringen op de achtergrond, het al zo snel aandurft Moek ten huwelijk te vragen. Ze schelen achttien jaar en mijn vader is, ondanks al zijn liefde en betrokkenheid, geen gemakkelijke man. Zijn lichte hulpbehoevendheid maakt het niet eenvoudiger. Dat Moek die relatie aandurft, ondanks haar eerdere ervaringen, is misschien nog wel het meest verbazingwekkend. Temeer omdat mijn vader, met zijn zeer sobere opvattingen, weinig oog heeft voor de persoonlijke wensen en noden van deze mentaal zo sterke en weinig eisende huishoudster.

Weer kijkt de rechercheur naar zijn scherm en stelt de volgende vraag: 'Hoe zijn de contacten tussen u en uw broers en zussen?'

'Behalve mijn zussen had ik inderdaad ook nog twee halfbroers, Jan en Hidde, uit het eerste huwelijk van mijn vader. Zij waren 23 en 21 jaar ouder dan ik. Hun contact met mijn vader is tot diens verdriet minstens acht jaar geheel verbroken geweest. Na de oorlog is de relatie met Hidde en zijn gezin weer hersteld en ook mijn contact met hen is altijd intens geweest. Tussen mijn vader en Jan is er altijd veel afstand gebleven. Zodoende heb ik pas in de laatste jaren een wat beter contact met Jan en ook met enkele van zijn kinderen gekregen. Van mijn broers en zussen zijn op dit moment alleen El, die in Canada woont, en Jan nog in leven.'

Ik realiseer me dat ik, ondanks mijn twee broers en drie zussen, feitelijk toch grotendeels het gevoel heb als enig kind te zijn opgegroeid. Van het bestaan van mijn twee reeds volwassen broers was ik me aanvankelijk niet bewust, maar door de vele pensiongasten, die bij ons aan tafel aten, was ik toch in een grote familie opgegroeid. Dat veranderde na de arrestatie van Mammie abrupt en ook met de komst van Moek kwam daar weinig meer van terug.

Mijn vrolijke maar kwetsbare zusje Anseke overlijdt aan een longontsteking als ik vier ben. Mijn herinneringen aan haar zijn dierbaar, maar beperkt en fragmentarisch.

Nol, en later ook El, verlaat ons huis nog voor ik zeven of acht ben. Tot die tijd ervaar ik hen meer als extra moeders dan als zussen, al zal dat misschien meer te maken hebben gehad met mijn eigen timiditeit dan met hun bazigheid. Door alle gebeurtenissen in die tijd ben ik een gesloten en geremd jongetje geworden, dat verlegen en dociel alles over zich heen laat komen en bang is voor ieder conflict.

El staat het verst van me af. Ze is intelligent en een echte bèta, met meer gevoel voor feiten dan voor creativiteit en schoonheid. Ze lijkt ook in haar emotionele geslotenheid en pietluttig perfectionisme vermoedelijk veel op haar superslimme vader. Van dat perfectionisme bestaan frappante voorbeelden: zo schilt ze een appel minutieus dun, maar haalt dan toch nog de restjes appel van de schil ('Eerst schilt ze haar appel, dan appelt ze haar schil,' zei mijn vader daarover). Als enige gaat ze aanvankelijk nog terug naar de gereformeerde kerk waar Mammie en ook haar vader juist afstand van genomen hebben. Ze studeert medicijnen op aandrang van mijn vader, trouwt en emigreert in 1953 naar Canada. Daar wordt ze arts, net als haar man, en krijgt ze vier kinderen. Ik zie haar pas terug in 1966, als ik haar gezin op zoek tijdens een studiereis. De contacten zijn goed, maar ze blijven door haar stugge en emotionele geslotenheid vrij oppervlakkig. De laatste jaren lijkt na een ongelukkige val haar beeld van de werkelijkheid niet meer betrouwbaar te zijn.

Nol is altijd mijn meest dierbare zus geweest. Ze aardt sterk naar de veelzijdige en smaakvolle creativiteit van onze moeder, van wie ze ook de muzikaliteit erft. Ze is niet minder slim dan El, maar warmer, socialer en extroverter in haar uitingen. Ze krijgt als kind de kleren van El te dragen, maar stoort zich aan haar saaie smaak. Doordat ze in haar jeugd van haar moeder veel moest meedoen met de activiteiten van El en haar vriendinnen, heeft ze vaak erg op haar tenen moeten lopen. Dat heeft haar ambitieus gemaakt, maar ook kwetsbaar en onzeker. Soms vertaalt zich dat in heftige, verongelijkte of jaloerse uitingen.

Na het gymnasium wil ze vliegtuigbouw gaan studeren, maar mijn vader vindt dat niets voor meisjes. Hier laat zijn vooruitstrevendheid hem dus in de steek. In plaats daarvan volgt ze verschillende opleidingen en eindigt uiteindelijk als een gewaardeerd architect. Aan het einde van haar werkzame leven verhuist ze met haar man naar Noord-Spanje, waar ze zeven jaar later overlijdt, 69 jaar oud. In die laatste jaren raakt onze verstandhouding helaas vertroebeld door een tragisch conflict. Moek bemoeit zich er niet mee maar doet er alles aan om de relatie met ons beiden goed te houden, en met succes.

WIE WAS MOEK

Als de rechercheur me op een gegeven moment de vraagt stelt 'Wie was Moek?' val ik even stil. Dat is een vraag waar zo veel verschillende antwoorden op mogelijk zijn. Ik begin met iets uit te leggen van haar achtergronden; haar jonge jaren, haar opgroeien en het begin van haar werkzame leven.

Moek is geboren in Vlissingen. Ze verhuist al na een paar jaar met haar ouders en haar bijna twee jaar jongere broertje Ko naar Harlingen. Ze wonen in de centraal gelegen Voorstraat. Daar gaat ze naar school. Ze herinnert zich nog de mobilisatie van 1914, als alle paarden uit de omgeving bijeengedreven worden voor het leger.

Haar vader heeft in Harlingen een goede baan, maar haar Zeeuwse moeder kan tussen de stugge Friezen slecht aarden. Een paar jaren later al, Marie is dan zes of zeven jaar, verhuizen ze daarom naar Den Haag, waar ze verder opgroeit en naar school gaat. Haar vader is daar een eenvoudige klerk bij een verzekeringsmaatschappij.

Als kind en middelbare scholiere heeft ze weinig contact met anderen, ook niet met haar broertje. Het blijft onduidelijk of daar een reden voor bestaat of dat het gewoon uit haar karakter voortvloeit, ik vermoed het laatste. Ze leest alles wat los en vast zit, van Joop ter Heuls *Zomerzotheid* tot Tolstoj en Couperus, en gaat haar eigen gang. In haar vrije tijd fietst ze veel door Den Haag om de plaatsen te bezoeken die Couperus beschreef.

Bij haar zwerftochten door de stad komt ze als 16-jarige ook regelmatig langs de etalage van Chris Lebau, een bekend, vooruitstrevend en anarchistisch kunstenaar, postzegelontwerper en glazenier. Die ziet haar staan en nodigt haar binnen; ze komt er later geregeld. Haar interesse en gevoel voor beeldende kunst wordt daar ongetwijfeld sterk gestimuleerd. Ze is vaak de enige in haar omgeving die zijn werk mooi vindt. Moderne kunst wordt zo, naast de literatuur, een tweede ankerpunt in haar leven. Haar sociale betrokkenheid ontwikkelt zich ook snel, ongetwijfeld mede onder invloed van haar overtuigd socialistische vader. Zo draait ze twee jaar als vrijwilligster mee in het Clubhuis De Mussen in de Haagse Schilderswijk, voor kinderen uit zogenaamde controlewoningen. Daarin wonen asociale gezinnen, die wordt geleerd hoe een woning 'normaal' te bewonen. 'Het kon daar soms heftig aan toegaan', vertelt Moek later, die prachtig in het platte Haags van die onopgevoede jongens, enkele uitspraken kan citeren. Bijvoorbeeld: 'Als je honger eb, ben je te leu om te vreten.' Of een duivenhouder: 'Juffroy, iek eb tuus 'n blaowe voedster miet jung.'

Na de HBS wil Marie naar de tuinbouwschool in Rijswijk, maar dat is te duur. In plaats daarvan wordt het de driejarige Montessori kleuteropleiding, onder leiding van mevrouw Philippi: destijds heel modern en omstreden. Deze keuze voor de toen zeer moderne pedagogiek van Maria Montessori waarbij de voorkeur voor een niet door de Montessoribeweging erkende opleiding wellicht weer kenmerkend is voor de rebelse onderstroom, past zeker ook bij haar karakter.

Daar haalt ze haar diploma in juli 1930. Hierna werkt ze korte tijd in Leiden op de psychiatrische kinderafdeling van de inrichting 'Endegeest' van de latere Amsterdamse professor Querido.

Al snel wordt ze uitgenodigd te gaan werken op een Nutsschool in Eindhoven. Philips, die uit het hele land goed opgeleide werknemers zoekt, geeft veel aandacht aan de kwaliteit van het onderwijs voor hun kinderen en steunt het neutrale Nutsonderwijs daarom royaal. In 1930 is het de Eindhovense mevrouw Lambert die het lokale kleuteronderwijs op een hoger plan wil brengen door de bestaande fröbelklassen te vervangen door de nieuwe Montessorimethode. Zij trekt daartoe, via mevrouw Philippi in Den Haag, de goed opgeleide Montessorileidsters aan en één daarvan is dus Marie.

Vanaf 1931 werkt ze daar en met veel plezier. Ze maakt er regelmatig foto's van de kinderen, van het buiten werken en spelen en van de uitstapjes. Die foto's zijn op zichzelf al bijzonder voor die tijd. Vier fotoalbums zijn daarvan bewaard gebleven. De school, die weldra 100 jaar bestaat, heeft een lijst met enkele van de door Marie genomen foto's in de hal opgehangen ter nagedachtenis aan haar.

Die periode in Eindhoven is heel belangrijk voor 'Marietje', zoals ze dan door iedereen wordt genoemd. Ze geniet van haar werk en het wonen in een pension aan de Lijsterlaan met een stel andere jonge vrouwen. Daar ontmoet ze haar levenslange en nog eigenzinniger vriendin 'Schief' Stakman Bosse, van wie ze de veelzeggende uitdrukking overneemt: 'Dat kan mijn fatsoen wel hebben.' Die hanteert ze niet zelden, want Moeks geest is zeker non-conformistisch, al loopt ze daarmee niet te koop. Moek vertelt ook van een typische ervaring die ze daar opdeed. De Lijsterlaan ligt vlak bij het rangeerterrein van de spoorwegen. In het begin kan ze slecht slapen door de botsende treinwagons bij het nachtelijk rangeren. Dat went na verloop van tijd. Dan zijn het de zaterdagnachten dat ze slecht slaapt, omdat het onwennig stil is als er niet gerangeerd wordt.

In dezelfde straat woont ook een ernstig gehandicapte man, die als een soort kasplantje op zijn kamer leeft. Schief merkt daarover op: Als het met mij zover komt neem ik 'pil nummer elf'. Dit is een uit Indië stammende uitdrukking voor gif. Moek neemt dat voornemen over. Zo sprak ze wel vaker over pil elf, wat lijkt op wat nu wel de Pil van Drion wordt genoemd, of de Laatste-wil-pil.

De samenwonende vrouwen hebben een eigen humor, al is Moek soms te rationeel of te naïef om die meteen te begrijpen. Zo wordt er gesproken over meneer Surine en het duurt even voor Moek door heeft dat ze het over de buurman Spies hebben. Ook spreken ze over de vader van de flensjes, als ze meneer Pannekoek bedoelen.

Een andere hechte vriendschap heeft ze met de creatieve Rolf Datema, waarmee ze veel optrekt en waarvan ze veel artistieke foto's, eigengemaakte sieraden en andere smaakvolle huisvlijt krijgt. Het is een intensieve relatie, maar ze is echter te beducht voor diens dominante persoonlijkheid om een blijvende, vaste relatie met hem aan te durven. Ik acht het niet uitgesloten dat Schief, die zelf slechts een kortstondig huwelijk achter de rug heeft, daarbij van invloed is geweest. Dat blijft gissen. Marie en Rolf blijven wel contact houden, in elk geval tot ze met mijn vader trouwt.

Met Schief en Rolf apart onderneemt ze veel sportieve reizen, zowel in Nederland als naar Duitsland en Zwitserland. Ze reizen dan met de Hotel-plan trein en wandelen van Hütte naar Hütte, met slechts een kleine rugzak met wat kleren en een minimum aan, dan heel moderne, lichtgewichtspullen van aluminium als bagage. En ongetwijfeld ook een boek, want zonder kan ik me Moek niet goed voorstellen.

Vele jaren later, Moek was toen rond de 85, belt Rolf haar weer. Hij is weduwnaar geworden en zoekt opnieuw contact. Moek is eerst aangenaam verrast en geraakt. Gedurende circa een half jaar ontmoeten ze elkaar weer enige malen en maken wat trips.

Moek heeft zich inmiddels evenwel geheel verzoend met haar situatie als alleenstaande en voelt er blijkbaar weinig voor een nieuw avontuur aan te gaan, te meer daar ze opnieuw zijn dominante karakter tegenkomt, zoals ze mij vertelde. Naar hoe zich dat verhield tot haar ervaring met mijn ongetwijfeld niet minder dominante vader kan ik slechts gissen.

Na een aantal jaren in Eindhoven gebeurt er kennelijk iets schokkends. Wat precies, is onbekend, maar het is in elk geval belangrijk genoeg voor Marie om haar baan per september 1937 op te geven en uit Eindhoven te vertrekken. Ze heeft het mij nooit willen vertellen, zo traumatisch was het blijkbaar. Het lijkt geen verband te houden met Rolf. Wellicht heeft het iets te maken met een leerling met psychische problemen voor wie ze zich vervoegt bij haar vroegere werkgever Querido in Leiden. Er zijn nog brieven krantenknipsels uit die tijd over 'moeilijke kinderen', wat aangeeft dat het haar speciale aandacht had, maar een verband met haar gevraagde en 'eervol verleende' ontslag is echter moeilijk te leggen.

Via haar huisarts, een nicht van Henriëtte Roland Holst ('tante Jet'), komt ze bij de half verweesde familie Van Gogh in Laren terecht. Daar kan ze als huishoudster aan de slag. Ze blijft er vijf goede jaren, waarin ze met name een sterke band ontwikkelt met Til (Mathilda), de jongste van de vier kinderen. Van de drie zonen, Theo, Johan en Floor, zal de eerste nog vlak voor het einde van de bezetting, op 8 maart 1945, voor verzetsdaden worden gefusilleerd. Marie is daar danig van ondersteboven.

De vader, Vincent van Gogh, is de volle neef van de schilder en eigenaar van het kapitaal aan nagelaten schilderijen. Die zijn in de oorlog veilig opgeborgen. Op Marie's kamer op de bovenverdieping liggen nog wel alle tekeningen van hem opgeslagen. Als er door blikseminslag brand uitbreekt in de rietgedekte villa aan het Rozenlaantje, ontdekt ze die toevallig snel, waardoor de schade gelukkig beperkt blijft tot de bovenste verdieping van het huis. Ze houdt er een tekening van de schilder aan over. (Die weinig indrukwekkende tekening van een veld, hangt jaren gewoon bij ons aan de muur. Als er eind jaren 80 tientallen miljoenen worden geboden voor schilderijen van Vincent, begint Moek zich af te vragen wat de waarde zou kunnen zijn van wat daar zo achteloos aan de muur hangt. Als dat aanvankelijk op circa een half miljoen wordt getaxeerd, schrikt ze en voelt ze de druk van de verantwoordelijkheid en het risico. Ze besluit het, na overleg met ons, te verkopen.)

Als Vincent in april 1942 hertrouwt, is haar rol beëindigd en vertrekt ze weer. Op grond van de psychoanalytische principes van de nieuwe echtgenote, Nelly van der Goot, moet Marie al het contact met de kinderen verbreken. Dat maakt dit afscheid tot een tweede dieptepunt in haar leven. Later is er wel weer wat contact geweest met Til, maar dat blijft voor Moek toch pijnlijk afstandelijk.

Na dit afscheid vindt Moek een baan als hoofd huishoudelijke dienst van de Rijkskweekschool voor vroedvrouwen in Rotterdam. Ze begint daar op 15 januari 1943. In oktober 1944 vertrekt ze echter alweer naar haar Haagse thuis om haar ouders te ondersteunen, die tijdens de Hongerwinter moeite hebben het hoofd boven water te houden. Ze vertelt later van tochten op de fiets zonder banden om eten te zoeken en van opgebroken tramrails om de onderliggende steunhoutjes te kunnen verzamelen als brandhout. Ze noemt ook wel eens dat ze als koerierster heeft opgetreden, maar veel meer laat ze daar niet over los. Met haar vader als overtuigd socialist zal dat wel in linkse hoek gezocht moeten worden.

Eind april 1945 komen twee heren bij haar ouders op bezoek om haar te spreken. De een is dokter Wibaut, een zwager van

Vincent van Gogh en dus geen onbekende van Marie, de ander is ene professor Heringa met wie Wibaut in het artsenverzet 'Medisch Contact' zit. Heringa (mijn vader dus) heeft in januari van een vrijgekomen vrouw gehoord dat mijn moeder in Ravensbrück is overleden. Hij zoekt naar een oplossing voor de moeilijke gezinssituatie die zich weldra na de oorlog zal gaan voordoen, en Wibaut heeft zich toen Marie herinnerd en aanbevolen, zoals ook uit voorafgaande correspondentie blijkt. En daarmee is de cirkel rond.

Marie heeft er aanvankelijk weinig oren naar. Ze wil vooral haar zieke broer in Limburg opzoeken, die daar als ex-dwangarbeider uit Duitsland terecht is gekomen en ze wil naar haar vriendin Schief, die nog in Eindhoven woont. Beiden zijn dan nog onbereikbaar aan de andere zijde van de frontlijn. Ook de ervaring met het vervelend verlopen afscheid van de Van Goghs zal niet stimulerend zijn geweest om zich opnieuw in een dergelijk huishoudsteravontuur te storten.

Ze solliciteert in die tijd ook nog naar een andere baan in Noord-Holland, maar uiteindelijk besluit ze toch in het najaar van 1945 naar ons in Amsterdam te komen. Ik vermoed dat de maatschappelijke en economische noodzaak daarbij een belangrijke rol hebben gespeeld, maar misschien toch ook haar sociale bewogenheid en de nood van ons gezin.

Ze blijft in Amsterdam wonen totdat mijn vader in 1960 met pensioen gaat en zij samen naar Midlaren verhuizen.

MOEK ZOALS IK HAAR KEN

De rechercheur stelt opnieuw een veel omvattende vraag: 'Hoe was de verstandhouding tussen u en Moek?'
'Tja... eenvoudig gezegd: heel goed. Ze was gewoon mijn moeder. Maar dat is natuurlijk veel te simpel. We waren ook allebei mensen die het conflict meden. Dat betekent natuurlijk niet dat er geen spanningen waren of onbegrip bestond. Maar de basis was niettemin warm, open en respectvol naar ieders eigenheid.'

Zoals voor de meeste mensen geldt, kan Moek zich van meerdere kanten laten zien, soms duidelijk en uitgesproken, vaker niet zo opvallend. Een enkele keer lijken die verschillende gezichten slecht in deze ene persoon te combineren, maar juist die vele facetten maakten haar tot een boeiend en door velen gewaardeerd mens. Ze is een intelligente, introverte en eigenzinnige vrouw, met een apart soort droge humor. Maatschappelijk en politiek is ze, in navolging van haar vader, duidelijk links, maar wars van uiterlijk radicalisme en activisme. Ook in veel andere opzichten houdt ze haar meningen en oordelen meestal voor zich, al blijkt indirect vaak genoeg dat ze die wel degelijk heeft. Daarom verdienen enkele van haar karakteristieke kenmerken extra aandacht, met name haar sociale betrokkenheid, haar bescheiden grondpatroon en veelzijdige culturele eruditie.

Op het eerste gezicht contrastreren haar sociale bewogenheid en zorgzaamheid met haar eigenzinnige en introverte karakter. Eerder al kwam haar vrijwilligerswerk bij het jeugdhonk in de Haagse Schildersbuurt al aan de orde. Dat is geen geringe inzet voor een meisje van zestien of zeventien jaar. Deze spontane hulpvaardigheid is een centraal kenmerk van haar leven gebleven, dat zich vooral uit in de aandacht die ze geeft aan zieken of hulpbehoevenden. Dit vertaalt zich later vooral in frequente bezoeken aan alleenstaande kennissen en vrienden, meest vrouwen. Soms neemt ze dan ook maaltijden voor hen mee. Meestal doet ze dat uit persoonlijke vriendschap, maar in enkele gevallen ook uit een puur plichtsgevoel. Dat betreft met name Olga, de vrouw van haar overleden broer, die ze eigenlijk niet goed kan uitstaan, maar die wel lange tijd haar ouders in huis heeft genomen en verzorgd. Daar heeft ze veel respect voor. Elke veertien dagen rijdt ze daar 110 kilometer voor op en neer naar Harlingen, waar Olga in een bejaardenoord verblijft. Dat houdt ze een paar jaar vol, tot Olga overlijdt.

Ook Wietske, de jongste dochter van mijn halfbroer Hidde, die door een moeilijke jeugd psychiatrisch patiënt is geworden, kan op haar rekenen: om de twee tot vier weken zoekt ze haar op in Amsterdam. Hoewel deze bezoeken haar veel energie kosten, vooral ook emotioneel, laat ze zich niet ontmoedigen. Deze mix van plichtsbesef en persoonlijke betrokkenheid loopt in veel opzichten als een rode draad door haar leven.

Ten slotte toont moek haar maatschappelijke verantwoordelijkheid als bloeddonor. Elk half jaar wordt ze opgeroepen om een halve liter bloed af te staan. Daar is ze zeker al in maart 1940 mee begonnen en vermoedelijk pas in de jaren zeventig mee opgehouden.

In de ongeveer 45 jaren dat Moek later in Midlaren woont, ziet ze veel Midlaarders gaan en stedelingen komen, veel kinderen geboren worden, opgroeien en vertrekken. Voor sommige kinderen van buren, oud en nieuw, is ze ook een soort oma. Hoewel ze dus altijd openstaat voor haar omgeving, behoudt ze steeds een zekere afstandelijkheid en is ze nooit actief betrokken bij ontwikkelingen. Er verandert veel in al die jaren, ook in de onderlinge gebruiken en de intensiteit van de contacten. Met een variatie op Geert Mak, ziet Moek God uit Midlaren vertrekken.

De buren en hun kinderen hebben een speciale plaats in haar leven. Op de eerste plaats komt de altijd aanwezige en hulpvaardige boerenfamilie Tinge met hun drie zonen aan de overkant. Hun veelzijdige liefde voor streek en land, vee en andere dieren, gewas en sierplanten geeft het contact, naast de kinderen, vele aanknopingspunten. Zij blijven als enige oorspronkelijke bewoners ter plaatse het platteland kleur geven met hun vele dieren, ook na Moeks vertrek. Met de andere boeren- en arbeidersfamilies uit de omgeving zijn de betrekkingen goed en soms intens. Als die gezinnen vroeger of later allemaal vertrekken wordt hun plaats ingenomen door importfamilies die lokaal ook vaak zeer actief en betrokken zijn. Zij sluiten in maatschappelijk opzicht meer bij haar aan. Met name de opvallende veelzijdigheid van de familie Boucher, met hun geitenkazen, paarden, eigen boeken en uitgeverij, muziek en glas-in-loodwerk, boeit Moek zeer.

Als voormalig kleuterleidster en ervaren mede-opvoedster hoeft het geen verbazing te wekken dat ze ook als oma heel geliefd is. Dat wordt ze al snel, als mijn halfbroer Hidde in 1946 zijn eerste kind krijgt: Yge, in de jaren erna gevolgd door nog drie meisjes. De jongste twee, Maartje en Wietske vangt ze rond 1958 enkele maanden op bij ons in huis, als er thuis problemen zijn. Dat deze drie kleinkinderen onder verschillende omstandigheden veel te jong overlijden en alleen de oudste dochter Ernie overblijft, is voor Moek bijna net zo zwaar als voor de achterblijvende gezinsleden.

De kinderen van El in Canada krijgen ook regelmatig aandacht, maar de respons daarop is vaak nogal lauw en ook later, als die zelf volwassen zijn, blijft dat contact moeizaam. Toch probeert ze het van haar kant wel steeds vol te houden. Ze beschouwt dat als een morele plicht.

Mijn eigen kinderen kijken terug op een oma bij wie veel mocht en die vaak op bezoek kwam, in welk land wij ook woonden. Ze is weliswaar niet zo van de spelletjes, maar wel van het voorlezen. Dat doet ze mijn kinderen graag en veel, voor mijn gevoel meer dan ze mij ooit heeft gedaan. De Kinderboekenweek gaat haar en dus ook ons nooit ongemerkt voorbij. Mijn dochters hebben daaraan een uitgebreide bibliotheek van kinderboeken overgehouden. Ze hebben ook genoten van de vele puzzels bij Moek, hoewel die daar zelf weinig mee deed. Het was voor hen een uitdaging ze af te krijgen binnen het weekeinde dat ze daar logeerden.

Moek is serieus, bescheiden, vrij introvert en onopvallend, maar haar vele, soms wat tegenstrijdige kwaliteiten maken haar niettemin tot een persoon die nooit verveelt. Je moet dan wel tot haar door weten te dringen en dat is niet altijd gemakkelijk.

Het is mij niet duidelijk geworden waar deze gereserveerdheid precies uit voortkomt: pure bescheidenheid, verlegenheid, ingeslikte emotie, een soort arrogantie, gewoon zichzelf genoeg zijn of een combinatie van dat alles.

Moeks bescheidenheid krijgt in haar latere, wat meer afhankelijke jaren een haast obsessief trekje. Ze is als de dood als een 'ouwe zeur' te worden beschouwd. Dat heeft waarschijnlijk te maken met haar moeder, waaraan ze veel refereert. Die had nogal wat kwalen, waar ze danig over kon klagen. Mogelijk werd dat versterkt door haar zorgzame en liefhebbende echtgenoot, die haar erg naar de ogen zag. Moeks angst op haar te gaan lijken is soms zelfs zo groot, dat ze geen hulp durft vragen, zelfs niet als daar alle reden voor is. Als ze gevallen is, moddert ze liever uren in haar eentje rond om weer op de been te komen, dan de buren om hulp te roepen, waarvoor ze een alarmknop om haar hals draagt. Alsof ze op dit punt elk gevoel voor proportie ontbeert. Het maakt Moek voor mij aan de andere kant ook aandoenlijk en krachtig. Toch had ik haar graag gegund dat ze wat meer ontspannen hulp had kunnen vragen en accepteren, als daar aanleiding toe was. Zelfs mij kan ze soms moeilijk om hulp vragen. Als ik voorstel iets voor haar te doen of te halen, dan zegt Moek meestal tegen me, terwijl ze opstaat: 'De dokter heeft gezegd: "In beweging blijven, mevrouw Heringa".' Ook reageert ze op mijn suggesties iets voor haar te regelen meestal met: 'Heb je daar wel tijd voor? Je doet al zoveel voor me.'

Aandacht voor zichzelf vragen vindt Moek meestal niet nodig of overdreven. Ze is ook snel tevreden met alles wat voor haar geregeld wordt. Dat speelt haar waarschijnlijk ook parten, als ze de huisarts om hulp vraagt voor haar levenseinde. Ze draait er erg omheen, zodat de dokter, die weet waarvoor ze gevraagd is, er zelf maar over begint. Dat komt dan natuurlijk niet erg overtuigend over.

Zoals hiervoor al even is aangestipt, ontwikkelt Moek een grote belangstelling voor cultuur, waarbij een uitgesproken moderne smaak de boventoon voert. Dat geldt voor literatuur, poëzie, beeldende kunst, grafiek, architectuur, vormgeving, volkskunst, en muziek. Ter Braak en Du Perron, Rilke en Worpswede, Bauhaus en de Stijl, Klee en Monet zijn een paar namen die daarbij horen. De meubels die ze koopt zijn avant-gardistisch, ondanks haar ongetwijfeld beperkte middelen. Bij de volkskunst gaat haar belangstelling vooral uit naar knip-, borduur- en houtsnijwerk. Ze bezoekt vaak musea en speciale tentoonstellingen. Wat de muziek betreft gaat haar aandacht vooral naar kamermuziek en liederen, met Schubert, Wolff en Mahler als haar favorieten.

Haar belezenheid is bijna spreekwoordelijk. Die heeft ze volgehouden tot op haar laatste dag, zij het dan met het gesproken boek vanwege haar slechte ogen. Daarbij passeren veel oude bekenden, naast moderne schrijvers als Arthur Japin en Jan Siebelink. Ondanks de aversie tegen het Duits van de oorlog, is de liefde voor de Duitstalige literatuur haar hele leven gebleven, bijvoorbeeld Kafka, Mann, Musil en Grass. Ook de poëtische muze heeft haar altijd geboeid, zoals Rilke, Schiller, Vasalis, Vroman en Kopland. In 1926 krijgt ze van haar eerste vriend Wim twee bundels gedichten van Guido Gezelle. Die zijn als enige en dierbare boekwerkjes tot haar dood bij haar gebleven, al verdween die vriend zelf al spoedig uit zicht.

Een van die bundels van Gezelle valt met een paperclip open bij het gedicht '*Jam sol recedit*'

> *Heel 't westen zit gekibbelkappeld,*
> *gewaggelwolkt, al hil en dal;*
> *'t zit blauw en groen en gluw gëappeld;*
> *'te morgen nog volstormde 't al [...]*

Moek houdt veel van het Vlaams in alle toonaarden. In haar laatste jaar bijvoorbeeld beluistert ze om die reden vele malen hoe Erwin Mortier zijn eigen boek *Alle dagen samen* voorleest. Ze kan er geen genoeg van krijgen. Deze Vlaamse passie wordt na haar huwelijk flink gevoed door de intense contacten met de familie de Groodt in Antwerpen, waarmee mijn vader al voor de oorlog zeer bevriend was geraakt.

Het merkwaardige is dat ze die brede kennis van literatuur en beeldende kunst grotendeels voor zichzelf houdt en zelden met iemand deelt. Je lijkt van goeden huize te moeten komen om hierover met haar in gesprek te kunnen gaan. Zelden lijkt ze iemand voldoende 'waardig' te vinden om daarmee haar kennis en inzichten te delen. Ik ken er maar een paar. Of zou het voortkomen uit haar bescheidenheid of onzekerheid? Een goede bekende van haar met een Duitstalige achtergrond, hoorde bijvoorbeeld pas ná haar dood over haar interesse voor en kennis van de Duitse literatuur en poëzie. Durfde ze dat niet aan? Hoe diepgaand die kennis is, vind ik moeilijk in te schatten. Vooral wat de kunst betreft is dat misschien meer een encyclopedisch weten dan een diep inzicht, zoals dat ook voor haar plantenkennis geldt. Maar ongetwijfeld is er altijd sprake van een groot gevoel voor esthetiek.

Elk jaar koopt Moek de thematische kunstagenda van het museum Boijmans Van Beuningen, aanvankelijk een traditie die mijn vader voor haar startte. Daarin houdt ze een soort mini-dagboek bij van alles wat haar frappeert of overkomt, naast de gewone afspraken. Ze bewaart die agenda's allemaal en kijkt er soms in terug om afspraken na te gaan, maar bijvoorbeeld ook om het begin van de bloei van bepaalde planten over de jaren heen te vergelijken. Ze vormen zo bijna een doorlopende fenologiekalender.

Haar eigen creativiteit blijft aanvankelijk beperkt tot allerlei vormen van handwerken, waarin ze wel aardig bedreven is. Ze breit niet onverdienstelijk en naait soms haar eigen kleren, daarbij ook aangestoken door de ambitie en kwaliteiten van Nol. Ze borduurt echter nog het liefst en met veel smaak. Meestal in kruissteekjes, versiert ze verschillende tafelkleden en kleedjes met bijvoorbeeld kleurrijke bloemen of geometrische figuren. Ze maakt ook bonte lappendekens van oude restjes.

Later raakt ze in de ban van het weven. Eerst alleen op een eenvoudig tafeltoestelletje met vier schachten, maar al snel komt er een echt weefgetouw, waarop ze allerlei patronen uitprobeert. Ze gaat in de leer bij Kitty Fisher, docent weven aan de Amsterdamse kunstnijverheidsschool, met wie ze ook nadien lang bevriend is gebleven. Ik help haar in het begin bij het uittekenen van patronen, het inrijgen van de draden en het verbinden van de schachten. Als ze in Midlaren woont, schaft ze een nog groter getouw aan van 1,20 meter breed, met zes schachten. Ze weeft dekens, gordijnen, hand- en theedoeken, kussenovertrekken, stoelbekledingen, vloerkleden en kledingstoffen in katoen, linnen en wol. Het wordt tussen 1958 en ongeveer 1990 haar belangrijkste actieve passie. Begin jaren zestig runt ze zelfs gedurende vier jaar als arbeidstherapeut een weefatelier van de psychiatrische inrichting Dennenoord in Zuidlaren.

Het is niet eenvoudig om onze persoonlijke relatie goed onder woorden te brengen. Voorop staat dat ze er in mijn herinnering altijd voor me was. Terugkijkend heeft ze me vooral een veilig thuis gegeven, iets wat ik erg nodig had, na – wat ik pas heel veel later heb beseft – mijn nogal traumatische peuterervaringen. Ze heeft dat met haar pedagogische achtergrond en ervaring met moeilijke kinderen waarschijnlijk goed begrepen en aangevoeld. Met haar kreeg ik er bovendien een paar lieve grootouders bij, de enige die ik had, nadat mijn strenge oma Jongbloed overleed toen ik negen was. Voor hen was ik ook de enige 'kleinzoon'.

Op allerlei manieren heeft Moek geprobeerd me te stimuleren en me mijn eigen ruimte te gunnen. Daarbij kleurde ze de 'belevingsruimte', die mijn vader ongetwijfeld in grote lijnen vormgaf, op subtiele wijze in.

Dat mijn scholing een Montessori signatuur krijgt is natuurlijk de invloed van Moek. Ik ben daar achteraf heel blij mee. De mogelijkheden die ik zo kreeg voor mijn individuele en sociale ontwikkeling, mede door de flexibele tempo- en keuzeverschillen, zijn ongetwijfeld heel belangrijk voor mij geweest om überhaupt te leren functioneren en te worden wie ik nu ben. Van Moek en mijn vader heb ik altijd veel morele steun ervaren bij alles wat ik deed. Vooral mijn vader heeft zich lange tijd veel zorgen gemaakt over mijn trage ontwikkeling, maar ze hebben altijd vertrouwen in mij getoond en de hoop nooit opgegeven.

Wat me ooit van haar behoorlijk geschokt heeft – ik zal acht à tien jaar geweest zijn – is dat ze me de straat op stuurde om me te verdedigen tegen andere jongens, toen ik tijdens het buitenspelen voor hen wilde vluchten en me achter de voordeur verschanste. Die kon ik toen nog zelf van buitenaf openen met een touwtje door de brievenbus. Dat door mij als weinig zachtzinnig ervaren opvoedkundige gebaar, verraste mij toen volledig en ik begreep er niets van. Achteraf natuurlijk wel, maar de schok van toen staat me nog helder voor de geest. Zo kende ik haar helemaal niet.

Ze gaat 's morgens vóór schooltijd met me naar zwemles, omdat ze niet wil wachten op het schoolzwemmen. Hoewel ze zelf niet echt sportief is, op individueel wandelen na, laat ze mij wel met verschillende sporten kennismaken, zoals tennis, hockey en zwemmen. Dat niets een succes wordt, komt grotendeels door mijn enorme verlegenheid en sociale onhandigheid, in combinatie met het gegeven dat ik het wel allemaal zelf moet opknappen. Niemand gaat ooit mee. Ook de NJN, de Nederlandse Jeugdbond voor Natuurstudie, wordt geen succes. Deze onafhankelijke jongerenclub voor 13- tot 24-jarigen, die op velerlei terreinen van natuurstudie actief is, heeft naast de inhoudelijke, ook sportieve en sociale kanten. Dat dit ook niet aanslaat, heeft vooral te maken met de vogelaarsgroep waarin ik terechtkom en waar ik zonder verrekijker en met mijn rood-groen kleurenblindheid slecht mee kan komen.

Het enige waar ik het wel lange tijd uithoud, de zeeverkennerij, is daarentegen iets waar Moek en mijn tot pacifisme neigende vader, heel weinig affiniteit mee hebben, om het zacht uit te drukken. Dat heb ik me eigenlijk pas later goed gerealiseerd. Toch krijg ik er alle gelegenheid voor als ik er via mijn buurvriend terechtkom. Om de een of andere reden weet ik me daar wel aan te sluiten en dat moet ze hebben herkend. Ik leer er naast zeilen, roeien en knopen ook verantwoordelijkheid dragen, organiseren en krantjes maken. Vrienden heb ik er overigens niet aan overgehouden, wel de liefde voor zeilen, schiemanswerk en varen in het algemeen.

Ik ben iemand die graag met zijn handen bezig is, al heeft dat vroeger ook veel te maken gehad met het niet hoeven piekeren en voelen, een soort vlucht, denk ik nu. Lezen deed ik niet zo veel en bovendien nogal langzaam, door een lichte vorm van dyslexie. En als ik iets las was het meestal non-fictie en populair wetenschappelijke lectuur. Ik ben erg rationeel en nieuwsgierig ingesteld. Bij mij draait veel om willen weten en begrijpen; mijn gevoelens heb ik lange tijd onbewust achter rationele redeneringen verborgen weten te houden.

Dat 'alles-willen-begrijpen' past niet zo goed bij Moeks wereld, die meer op kennen en ondergaan is gericht. Onze belevingswerelden blijven, achteraf gezien, nogal van elkaar gescheiden, waardoor een bepaalde kloof tussen ons ontstaat, niet in waardering, maar wel in begrip. Moek heeft niets met de wetenschap of maatschappelijk activisme, al is ze wel politiek betrokken. De wereld leeft voor haar via de literatuur, poëzie, kunst en muziek. Ook als later bij mij veel verandert en ik bijvoorbeeld ook meer romans en andere literatuur ga lezen, blijf ik bij Moek een soort desinteresse voelen voor wat ik op dat gebied doe en te zeggen heb. Net alsof dat lezen van mij nooit van enig interessant gehalte kan zijn, alsof ze dat niet ziet of niet serieus neemt. Vermoedelijk kan ik ook inderdaad niet tippen aan wat zij op dat terrein allemaal aan bagage heeft, maar het versterkt bij mij wel dat gevoel van een onoverbrugbare kloof tussen ons.

Als mijn huwelijk na 24 jaar zo leeg wordt dat wij besluiten maar uit elkaar en als co-ouders verder te gaan, verandert de band van Moek met Martha, mijn ex-vrouw, voor mijn gevoel nauwelijks. Ik ben daar in zekere zin blij om, maar ervaar daarin ook een soort neutraliteit, die voor mij toch een beetje voelt als in de steek gelaten te worden. Bij de tragische conflicten, die zich later helaas ontwikkelen tussen mijn zus Nol en mij, gebeurt ook iets dergelijks. Hoewel Moek – in al haar onschuld – soms wel danig bijdraagt aan het ontstaan van de spanningen, bemoeit ze zich er niet mee. Vermoedelijk uit angst voor partijdigheid in deze gevoelige kwesties, houdt ze zich daarbij op grote afstand.

Na die scheiding in 1992 vangt voor mij een nieuw leven aan, waarin ik geleidelijk begin te ontdooien en – mede door cursussen 'emotioneel lichaamswerk' – leer meer open te staan voor mijn gevoelens. Dan blijkt echter dat Moek het moeilijk vindt gevoelens uit te wisselen en te delen, terwijl ik er juist meer bedreven in raak en behoefte aan krijg. Hoe dat komt weet ik niet. Ook in haar contacten met Nol blijkt ze zich emotioneel vaak op de vlakte te houden. Het komt er duidelijk op neer dat ze conflicten steeds zoveel mogelijk uit de weg probeert te gaan. Partij zal ze zelden kiezen, maar ook zal ze zich nooit opwerpen als mediator of zo iets, om problemen te helpen oplossen. Ik mis dat wel. Daarin was mijn vader juist zo goed.

Doordat het niet lukt met haar in gesprek te komen over gevoelige zaken, blijf ik zitten met een katterig gevoel van onvervuld verlangen naar contact. Het lukt mij kennelijk niet de in alle voorgaande jaren over en weer ontstane patronen te doorbreken. Het gesprek gewoon mondeling beginnen, blijft blijkbaar voor ons beiden te moeilijk. Op een gegeven moment laat ik het ook maar zo.

Onze relatie blijft, hoewel niet zonder warmte en vertrouwen, hierdoor toch iets zakelijks en afstandelijks houden. Ze vertrouwt mij tenslotte wel het beheer van haar financiën en andere zaken toe. Ook bewaart ze voor mij de meest intieme dingen over haar gezondheid en welzijn (soms dingen waarvoor ze zich wat schaamt), al was het alleen omdat ik in de latere jaren ook haar geheugen ben bij bezoeken aan de verschillende artsen. Maar ze bepaalt uiteindelijk wel alles zelf: wat er met haar geld moet gebeuren, wanneer ze naar een arts wil, wie wat voor zijn verjaardag moet krijgen. Ik voer dat dan alleen maar uit.

Die merkwaardige combinatie van een stevig zelfbewustzijn en een sterke eigen wil aan de ene kant, met een haast verlegen onzekerheid en angst voor conflicten aan de andere kant, kwetsbaar voor de oordelen van anderen, die blijft zo tot op de laatste dag, het laatste uur. Soms lijkt het alsof ze mij de regie geeft, maar dat gaat nooit verder dan de details van de uitvoering, die ze soms niet helemaal geordend in haar hoofd heeft. De grote lijn, de essenties, dat waar het om gaat, bepaalt ze zelf.

MOEK WIL NIET MEER

'Wanneer kwam het voor het eerst ter sprake, dat zij niet verder wilde leven?' vraagt de rechercheur nu.

'Dat is heel geleidelijk aan gekomen. Een jaar of tien geleden zei ze al dat het genoeg was geweest. Toen was het nog niet heel dringend, meer de wens om niet meer wakker te worden.'

'Wie bracht dat het eerst ter sprake?'

'Dat deed ze zelf.'

'Waarom wilde ze niet meer verder leven?'

Er gebeuren in vrij korte tijd een aantal dingen die Moek erg van streek maken. Vooral omdat die haar het gevoel geven dat ze de controle over zichzelf verliest. Ze vertelt me dat allemaal zelf, maar meestal wel met het schaamrood op de kaken en ze wil eigenlijk niet dat ik dat aan anderen vertel.

Zo biecht ze me op dat ze een overstroming heeft veroorzaakt die haar hele kamer onder water heeft gezet. Ze had de stop in de wastafel gedaan om die vol te laten lopen. Ze wilde een broekje wassen, iets wat ze eigenlijk zelf niet hoeft te doen, maar soms heeft ze last van diarree en is ze niet snel genoeg bij de wc. Daar schaamt ze zich dan zó voor dat ze haar broekjes zelf wil wassen. Terwijl het water liep, is ze de badkamer uitgelopen en vergat vervolgens de kraan. Aangezien de wastafels in de nieuwe unit om onduidelijke reden geen overloopbeveiliging hebben (zoals dat bij alle mij bekende wastafels wel het geval is), kon het water lange tijd vrijelijk over de rand de kamer inlopen. Ze hoorde dat natuurlijk ook niet.

Ik ken dat soort vergeetachtigheid goed van mezelf, maar Moek is misschien bang dat het een symptoom is van beginnende dementie. Ik blameer vooral die stomme wastafel zonder overloop, wie bedenkt zoiets? Het tehuis doet niet moeilijk, noch over het vergeten, noch over het overstromen zelf. Voor Moek is dat nauwelijks een troost. Een paar weken later gebeurt het haar weer en dan zijn de rapen voor Moek helemaal gaar. Ze zit daarover erg in de put.

Een ander voorval: Moek wordt op een gegeven moment wakker, meent dat ze zich heeft verslapen en drukt op de bel van de verzorging. Ze is ontevreden dat men haar niet gewekt heeft. Dan komt de nachtzuster, die haar duidelijk maakt dat het pas één uur 's nachts is. Ze is totaal verbouwereerd over deze vergissing en haar verlies van tijdsbesef.

Zulke ervaringen geven Moek blijkbaar het gevoel en de angst haar autonomie te verliezen. Ze vertrouwt zichzelf niet meer.

Wat Moek al eerder heeft aangegeven, klinkt nu vaker: ze hoopt op een ochtend niet meer wakker te worden. Ze vindt het wel genoeg zo, al is ze dankbaar voor alle bezoeken van mij, mijn kinderen, mijn ex, mijn vrouw en de verschillende oude kennissen en buren. En voor de verzorging door het tehuis.

Het zal eind november zijn, misschien iets later, ze is dan inmiddels 99 geworden, dat mijn dochter Minne de komst van haar tweede kind aankondigt. Als Moek dat hoort, reageert ze wat dubbel: 'Och kindje, dat hoop ik toch niet meer mee te maken.' Minne is verbouwereerd, want die dacht dat Moek met haar liefde voor kinderen dat nieuws juist leuk zou vinden. Moek legt dan uit dat ze vooral bedoelde te zeggen blij te zijn voor haar, maar zelf voor die tijd al overleden hoopt te zijn.

Ik ben daar zelf niet bij, maar schrik er ook van als Moek mij haar reactie vertelt. Ik ga er eerst nog niet echt op in. Ze heeft al vaker gezegd dat ze geen honderd hoopt te worden. Dat heb ik vooral begrepen vanuit haar aversie tegen alle poespas van burgemeester, pers en alle extra aandacht die daar als regel bij komt kijken. Ik heb geprobeerd haar gerust te stellen: 'We kunnen er zeker voor zorgen dat er niemand bij hoeft te komen.'

Bij mijn volgende bezoek begin ik er weer over. Ik vraag haar wat ze zich daarbij voorstelt. Duidelijk wordt, dat bij haar de behoefte is ontstaan niet meer louter lijdzaam af te wachten tot de dood haar komt halen. Wat dan wel, is nog vaag.

Ze begint zich ook duur en overbodig te voelen. Niet dat iemand daarop zou zinspelen. Dat komt gewoon voort uit haar eigen heldere overwegingen en haar nuchtere kijk op de realiteit. Zo is het toch? Ik probeer dat wel te relativeren, maar aan de andere kant kan ik me haar gevoel wel goed indenken en het ook begrijpen.

Zeker tien jaar eerder heeft ze zich, op mijn suggestie en in navolging van mijzelf, aangemeld als lid van de NVVE. Ze heeft toen ook een euthanasieverklaring ingevuld. Het is op dat moment niet duidelijk waar die is gebleven, maar dan speelt die ook nog geen rol.

Na Moeks reactie op het aangekondigde tweede achterkleinkind gebeurt er aanvankelijk niet veel. Ik ben in december een maand op vakantie naar Afrika. Pas in januari 2008, als ik daarvan terug ben, geeft Moek aan dat ze de huisarts die aan het tehuis verbonden is wil vragen of ze haar wil helpen te sterven. Ik regel het gesprek en ben er ook bij.

Moek vindt het kennelijk moeilijk er zelf over te beginnen en praat zoals gebruikelijk praktisch onstuitbaar over van alles en nog wat, behalve datgene waarvoor ze de dokter wilde spreken.

Die vraagt haar dan tenslotte zelf 'U wilde mij iets vragen?'
Moek stelt haar vraag omslachtig, met veel omhaal van woorden en haast indirect. De huisarts reageert niet zonder begrip, maar wel terughoudend. Moek voldoet volgens haar niet aan de criteria die de wet voor euthanasie stelt. Daar was ik wel op voorbereid. Ze wil ook dat Moek haar wens op zijn minst vaker en ondubbelzinniger te kennen geeft. Als ze vertrekt, laat ik haar uit en vraag haar ook meer tussen de regels te luisteren naar wat Moek zegt, omdat ze het met haar bescheiden karakter gewoon moeilijk vindt dit recht voor zijn raap te vragen. De dokter kan er kennelijk niet veel mee.

Als ik weer bij Moek terugkom, is ze duidelijk terneergeslagen door de reactie van de huisarts. Ze voelt zich niet serieus genomen en in de steek gelaten. Ik probeer het een beetje uit te leggen en haar moed in te spreken. Ze moet zelf ook duidelijker zijn naar de arts. Ik beloof ondertussen contact op te nemen met de NVVE voor informatie. Later, bij een volgend bezoek, vertel ik daarover en zeg dat er iemand bereid is langs te komen. Aanvankelijk houdt ze dat nog af, maar bij het daaropvolgende bezoek vraagt ze me toch of ik dat wil regelen en er ook bij aanwezig wil zijn. Het is uiteindelijk 18 april als Joop, een counselor van de NVVE-ledenondersteuningsdienst, langs komt. Hij geeft aan dat de NVVE zelf niet concreet kan helpen en dat artsen, met het Brongersma-arrest[2] in de hand, in haar situatie ook nauwelijks ruimte hebben. Hij ziet voor Moek feitelijk maar één optie: stoppen met eten en drinken. Moek zegt echter meteen dat ze

2 Senator Brongersma kreeg in 1998 op zijn verzoek euthanasie door zijn huisarts F. Sutorius, omdat hij 'klaar met het leven' was. De Hoge Raad besliste in 2002 dat dit niet had gemogen, omdat alleen een 'medisch classificeerbare ziekte' daarvoor in aanmerking zou mogen komen. Sutorius werd veroordeeld zonder strafoplegging.

dat niet kan. Hij verwijst ook naar het wozz-boekje[3], waarvan ik het bestaan ken, maar dat ik nog niet besteld heb. Dat doe ik naderhand meteen.

Tegen het einde van het gesprek noemt hij min of meer terloops ook de mogelijkheid om medicijnen te verzamelen en wat de haken en ogen daarvan kunnen zijn. Ik meen dat ook het stoppen van een deel van haar medicatie ter sprake is gekomen, met name de epo-injecties tegen de bloedarmoede. In elk geval besluit ze daartoe en zal ze de dokter daarover informeren. Na zijn vertrek is Moek tamelijk moedeloos. Veel wijzer is ze niet geworden en ze zegt opnieuw dat ze zich in de steek gelaten voelt. Dat raakt me diep en ik begrijp haar wanhoop goed. Ik weet ook geen oplossingen, wat me een machteloos gevoel geeft. Ze herhaalt dat ophouden met eten en drinken voor haar niet te doen is. Ik respecteer haar mening en kan me er ook wel iets bij voorstellen, al vraag ik me ook wel af waarom ze dat per se niet wil, als dat de enige mogelijkheid blijkt om haar lot in eigen hand te nemen. Maar daar ga ik dan nog niet op in.

Het aansluitende weekeinde krijgt ze bezoek van een dierbare kennis uit Antwerpen, die overnacht in een nabij gelegen Bed & Breakfast. Dat bezoek doet haar goed en ze praat zoals gebruikelijk weer honderduit. Niet over haar wens of haar voornemen overigens.

Als ik een week later met Lida, mijn LAT-partner, weer langskom, vertelt ze ons dat ze alle medicijnen die ze krijgt heeft verzameld en weggestopt in een doosje in een la waar nooit iemand anders komt. Ik schrik, want dat had ik niet verwacht. Ze krijgt

3 De uitgave Wetenschappelijk Onderzoek Zorgvuldige Zelfdoding: Informatie over zorgvuldige levensbeëindiging van Chabot e.a. (2008).

een waslijst aan pillen en die krijgt ze natuurlijk niet voor niets. Ik weet er echter weinig van. Er zitten dingen bij tegen de bloedarmoede en tegen de pijn en misschien iets voor de slaap, al weet ik dat ze daar zelden gebruik van maakt. Een nacht niet slapen vindt ze niet erg, want 'dan slaap ik de volgende nacht des te beter'. Terwijl ze met Lida op het terras zit te praten, bekijk ik de aangelegde voorraad. Ik probeer te achterhalen welke pillen het zijn en waarvoor. Moek weet er zelf ook niet veel van. Ze slikt wat haar wordt voorgeschreven en aangereikt door de verzorgers. Moek zegt dat ze dit een paar weken wil verzamelen en dan op een gegeven moment 's avonds alles tegelijk wil innemen om dan de volgende ochtend niet meer wakker te worden. Ze stelt zich zeer concreet en met een zekere voldoening voor hoe de verzorging 's morgens binnen komt, de gordijnen open doet, 'Goedemorgen, mevrouw Heringa' zal zeggen en dan na het uitblijven van een reactie, zal constateren dat ze dood is.

Ik zeg haar dat ik er niet zeker van ben dat haar pillen, zelfs in die grote hoeveelheid, tot de dood zullen leiden en dat ik dat eerst wil proberen uit te vinden. Ook protesteer ik tegen de manier waarop ze eruit zegt te willen stappen: helemaal alleen, zonder waarschuwing of afscheid. 'Wij, ook de kinderen, willen wel afscheid van je kunnen nemen,' laat ik haar weten. Die onafhankelijke eigengereidheid typeert haar, maar ik denk ook dat ze er zo mee bezig is, dat ze nauwelijks heeft nagedacht over hoe dit voor ons achterblijvers moet zijn. Ze houdt nooit van veel plichtplegingen, dus dat we allemaal graag nog de gelegenheid willen hebben om afscheid te nemen, daar is ze duidelijk niet zo mee bezig. Toch zal blijken dat mijn protest wel binnenkomt.

Thuis probeer ik er via internet achter te komen om wat voor soort pillen het gaat en wat de gevolgen kunnen zijn van een overdosis. De overgebleven vraagtekens probeer ik via de apotheek op te lossen. Het wordt me al gauw duidelijk dat deze pillenverzameling Moek niet over de rand zullen helpen. Ik laat haar dat snel weten, maar besef ook dat dit een flinke domper voor haar moet zijn, de zoveelste.

Ondertussen realiseer ik me dat ik zelf nog in het bezit ben van een flink aantal 'Nivaquine' antimalariapillen, waarvan gezegd werd dat een overdosis dodelijk kan zijn. De werkzame stof chloroquine, een kunstmatige kinine, blijkt ook genoemd te worden in het wozz-boekje, dat ik inmiddels ontvangen heb. Daarin wordt onder andere nauwkeurig aangegeven hoe chloroquine kan worden gebruikt voor een zorgvuldige zelfdoding, hoeveel er van nodig is en onder welke condities. Belangrijk is onder andere dat er ook twee soorten slaappillen en antibraakpillen nodig zijn. Nu weet ik dus dat het inderdaad kan met Nivaquine en dat ik van dat belangrijke middel ruim voldoende in huis heb. Ik aarzel echter nog een paar dagen om Moek daarover te informeren. Ik besef wat haar conclusie zal kunnen zijn en de impact daarvan is serieus. Ook betekent het dat mijn voorraad Nivaquine flink zal worden aangesproken en ik heb die destijds niet voor niets uit Afrika mee naar huis genomen.

Tijdens mijn verblijf in West-Afrika was dit het middel om je tegen malaria te beschermen of je van een aanval te genezen. Je kon het daar gemakkelijk in elke apotheek verkrijgen. Ook nu ik weer in Nederland woon, kan het nog van waarde zijn, omdat het nog altijd mogelijk is dat de malaria weer bij me terugkomt. Dat gebeurde inderdaad al een half jaar na mijn thuiskomst. Ik had dat pas laat in de gaten en was toen zielsgelukkig dat ik die pillen onder handbereik had. De zorgvuldige medische molens draaien in Nederland in zo'n geval soms te traag. Voordat artsen de malaria hebben aangetoond, wat lastig kan zijn, en bereid zijn in te grijpen, kan het al te laat zijn. Dat heeft de ervaring helaas geleerd. Tegenwoordig is Nivaquine op veel plaatsen in de wereld niet meer voldoende werkzaam tegen malaria en zijn er andere middelen.

Ik heb ook wel steeds in mijn achterhoofd gehad – zonder de details al te kennen – dat ik de pillen nog eens zou kunnen gebruiken wanneer het moment ooit zou komen dat ik zelf mijn leven voltooid zou achten.

De rechercheur vraagt me op een gegeven moment: 'In hoeverre ervoer u druk van Moek om haar te helpen bij haar levensbeëindiging?'
'Wat is druk?' antwoord ik. 'Moek heeft me niet onder druk gezet in de zin dat ze me gevraagd heeft haar te helpen aan middelen te komen. Maar ik zag en voelde haar wanhoop. Ik begreep die ook goed. Ik wilde haar niet in de steek laten, maar voelde me daarbij aanvankelijk wel heel machteloos. Het was zo duidelijk wat zij wilde. Het opsparen van haar medicijnen... Dat hield me erg bezig. Dat was een duidelijk signaal. Is dat druk?'

Na een paar dagen aarzelen en overwegen, het zal inmiddels eind april zijn, informeer ik Moek tenslotte over de mogelijkheden van mijn pillen. Als de betekenis van mijn mededeling helemaal tot haar doordringt, zie ik haar opleven. Dat alleen al bevestigt de juistheid van mijn besluit mijn pillen aan haar beschikbaar te stellen.

Dan komen de zaken in een stroomversnelling. Natuurlijk ben ik mij er wel van bewust dat ik daarmee iets doe wat de wet verboden heeft, maar ik vind dat onbelangrijk, het raakt me niet echt, ook omdat ik de zin van dat verbod niet zie. Moek zelf is daar duidelijk ook niet mee bezig.

Ik herinner haar eraan dat ik ook nog aan de twee soorten slaappillen en de antibraakpillen moet zien te komen, maar haar goede humeur kan niet meer stuk. Het blijkt dat beide slaappillen bij haar zelf aanwezig zijn, maar slechts één in voldoende mate. Maar ook dat probleem blijkt onverwacht gemakkelijk en snel te kunnen worden opgelost. Als ik met goede kennissen in mijn omgeving praat over Moeks plannen, blijken enkele van hen diezelfde slaappil ook weleens te gebruiken. Via hen krijg ik dus wat er nog ontbreekt, zelfs de antibraakpillen. Van die laatste zijn anders ook zonder recept wel geschikte versies te krijgen.

Ik informeer Moek een week later dat alle pillen er zijn en dat er dus een datum geprikt kan worden. Wat Moek betreft hoeven we niet lang te wachten. Ik bel met Minne, die inmiddels hoogzwanger is en rond 20 juni is uitgerekend, en vraag wat voor haar het meest gunstig is: vóór of na de bevalling? Zonder veel aarzelen zegt ze: 'Ervóór!'

Dit in aanmerking genomen, prikken we de avond van 7 juni 2008. Ik weet natuurlijk heel goed wat voor afspraak we maken, maar toch dringt het gewicht ervan nog nauwelijks door.

Moek hecht eraan dat alles zo gewoon mogelijk moet lijken. Ze vraagt me daarom planten te kopen voor de bakken op haar terras. Uit niets mag blijken dat er een afscheid wordt voorbereid. Ook wat dat betreft is ze heel alert.

Ik informeer de naaste familie en ondertussen bereid ik me mentaal voor. Als het erop aankomt, ben ik een zeer praktisch en rationeel mens. Mijn soms danige verstrooidheid kennende, wijd ik me, met het wozz-boekje als basis, aan het opstellen van een soort protocol, waarin chronologisch alle stappen en handelingen beschreven staan. Dat dient vooral als geheugensteun voor mijzelf. Ik laat het Moek zien, maar ik geloof niet dat ze het echt goed leest; ze 'gelooft het wel'. Ik vraag ook Joop van de nvve of hij ernaar wil kijken. Hij stemt daarin toe, maar stelt tegelijk voor om nog een gesprek met Moek te hebben zonder dat ik daarbij aanwezig ben. Ik vind dat een heel goed idee en ben hem dankbaar voor de suggestie en het aanbod. Dat gesprek vind 30 mei plaats. Na afloop van het gesprek onder vier ogen, voeg ik me bij hen. Moek heeft, naar de mening van Joop, op heldere en overtuigende wijze bevestigd dat ze dood wil en op welke manier dat moet. Ook hij heeft geen enkele aarzeling met betrekking tot de geestelijke vermogens van Moek om deze beslissing zelf te kunnen maken. Dat was ook wel het allerlaatste waaraan ik zou twijfelen, maar het is toch goed om te horen.

Protocol Moek

<u>Voorbereidingen algemeen</u>

Donderdag 22 mei:
Invullen en ondertekenen van Euthanasie verklaring.
Aangeven gevolmachtigde. Idem voor behandelverbod!
Slaapmiddelen wel vragen m.n. Temazepam, maar niets meer innemen!
Aanwezige slaapmiddelen Temazepam en Oxazepam terzijde leggen.
Bekendheid van mijn mobiele nummer verifiëren bij receptie.
Voorkeur voor yoghurt of vla? Zo mogelijk wat bewaren.

Vrijdag 23 mei:
Antibraakmiddel Metoclopramide ophalen (minimaal 6 stuks)
Zo mogelijk ook Temazepam.

Zondag 25 mei:
Ik kom nog even langs om ca. 21.30 uur.
Eén antibraakpil innemen om reactie daarop te testen.

<u>Uitvoering</u>

6 juni:
Informeren van NVVE contactpersoon over ingaan van uitvoering.
Ik: Naar Moek met de middelen, plastic handschoenen, zaklantaarn, fototoestel en recorder.
18.00 uur eerste antibraakpil innemen.
24.00 uur tweede antibraakpil innemen.
Ik slaap in Ede.

7 juni:
08.00 uur derde antibraakpil
12.00 uur Ik kom weer bij Moek.
13.00 uur Lichte lunch; daarna niet meer eten; drinken geen bezwaar.
14.00 uur vierde antibraakpil; eventueel ga ik wat boodschappen doen (yoghurt?).
Gesprek met Moek opnemen.
18.00 uur Ik ga wat eten (in Ede?)
19.00 uur of 21.30 uur (na oogdruppelen en laatste reguliere medicijnen) terug bij Moek.
(tijdstip overleggen).
20.00 uur laatste antibraakpil

Feitelijke uitvoering (na 21.30 uur):
Expliciet vragen aan Moek of ze tot uitvoering wil overgaan.
Dit gesprek opnemen tot en met gaan slapen.
Moek gaat zich klaarmaken om naar bed te gaan.
Oxazepam fijnmaken, 80 nivaquine heel laten.
Nivaquine en oxazepam in yoghurt mengen. (handschoenen!)
Dit achter elkaar opeten zonder te praten.
Eventueel smaak wegspoelen met water of Martini. Foto van maken.
Moek gaat in bed liggen.
Temazepam innemen met water of Martini. 36 capsules.
Ik: Afscheid nemen. Alles schoonmaken en opruimen met handschoenen.
Lampen uit.
Ik blijf tenminste een uur zitten nadat Moek is ingeslapen. Dan vertrek ik naar Ede.

<u>Later:</u>
Invullen meldingsformulier

VERSTERVEN KAN IK NIET

Ik verwonder me over de stellige en krachtige wijze waarop Moek de suggestie van de NVVE-consulent om te stoppen met eten en drinken – het zogenaamde versterven – afgewijst. Ik vraag me af of de stervenswens dan wel sterk genoeg is, als je die mogelijkheid, die je zelf in de hand hebt, direct afwijst. Aan de andere kant lijkt me een dagen of zelfs weken durend stervensproces ook weinig aanlokkelijk. Tenslotte is het vragen van hulp bij het sterven ook niet niks en bovendien vol risico's.

Ik neem me dus voor, dat nog eens ter sprake te brengen om daar meer helderheid over te krijgen. Die gelegenheid doet zich voor op woensdag 28 mei, tijdens een van de vele gesprekken die we hebben als voorbereiding op de 'dag der dagen', zoals Moek dat wel noemt. Ik maak die dagen veel geluidsopnamen van onze gesprekken.

'Moek, ik wou je nog een vraag stellen. Je hebt op een gegeven moment, toen die man hier was van de NVVE, toen wou hij je voorstellen, vertellen dus, hoe je kon versterven, hè. Dat is niet eten en drinken. Toen heb jij gezegd: "Dat wil ik niet. Dat kan ik niet." Kun je aangeven waarom je dat niet kan?'

'Nee, een beetje... Oh, iets verschrikkelijk persoonlijks. Nee, ik stel me voor dat ik ingenomen heb wat ik in moest nemen en dat ik me uitkleed en mijn nachtpon aan doe. Gewoon niets bijzonders, gewoon. En dan in bed ga liggen en probeer te slapen. Dan komen ze 's morgens om acht uur, soms zelfs om half acht binnen om medicijnen klaar te leggen en dan, als ik lig te slapen, zeggen ze niks of ze zeggen gewoon: "Mevrouw Heringa, ik breng de medicijnen." En dan is het acht uur en dan komen ze met de koffie, nou ja dan moeten ze me gezien hebben. De nachtzuster komt niet meer 's nachts als ik niet bel, want dat vind ik vervelend. Ik heb gezegd, ik ben 's nachts niet vaak wakker. Ik ben 's nachts wel meestal om een uur of vier wakker, dan moet ik er toch uit om een plas te doen. Als ik vroeg naar bed ga, is het twaalf uur, half één of zo. Dan moet ik een plas gaan doen. Dan ga ik weer in bed en dan slaap ik onmiddellijk als regel weer in. Nu vannacht niet. Dan word ik om vier uur weer wakker en dan moet ik een plas gaan doen. De laatste tijd ga ik dan een poosje hier zitten. Geen zin om onmiddellijk weer in bed te stappen. Soms neem ik dan in het holst van de nacht nog een beetje Martini.'

'Nee, maar de vraag is eigenlijk... Je zei toen: "Dat kan ik niet." Of is het een kwestie van: "Ik wil dat niet, want ik wil graag meteen dood."'

'Ik stel me voor dat ik ga slapen, probeer te slapen. Op het spul dat ik heb ingenomen, zal ik zeker slapen. Dat ik niet meer wakker word.'

'Nou ja, zo zal het waarschijnlijk ook gaan. Daar gaan we ook vanuit, maar dat versterven is dus formeel de enige mogelijkheid die je hebt. Dat slikken van die pillen dat kun je wel als je de goede pillen hebt, maar die heb je dus niet en die moet ik je geven. Maar het versterven zelf is natuurlijk een proces van een week of zo. Is het dat proces dat je tegenstaat of het feit dat je het moeilijk vindt om een aantal dagen niet te eten? Wat is het punt dat je niet wil versterven? Misschien is dat een rare vraag.'

'Ik doe alles wat jij mij voorschrijft.'

'Ik schrijf niets voor.'

'Nou ja.'

'Jij schrijft mij voor. Dat is wel een belangrijk verschil.'

'Nou ja.'

'Het is wel een belangrijk verschil.'

'Ik doe alles wat gebeuren moet, wou ik zeggen, wat volgens het protocol moet. Dat ik dat gewoon doe en dat ik dan naar bed ga en dat ik dan inslaap.'

'Ja oké, maar dat is omdat jij gezegd hebt: "Ik wil pillen verzamelen en die slikken, maar ik wil niet versterven, ik wil niet ophouden met eten en drinken." Dat is wat je gezegd hebt.'

'Ja.'

'En daarom doen we het nu op deze manier.'

'Ja.'

'En dat is omdat jij dat zo wil en niet omdat ik het zo wil.'

'Ja.'

'Dat is toch duidelijk, hè? Maar er is dus iets wat jij niet wil wat betreft dat versterven. Mijn vraag was gewoon: wat is het wat jou ervan weerhoudt om te kiezen... wat maakt dat je niet kiest voor dat niet eten en drinken, maar wel voor het slikken van pillen?'

'Ja maar, dat heeft toch ook te maken met het zijn hier. Ik kan natuurlijk niet ophouden met eten en drinken, want er zijn altijd mensen die er zich mee bemoeien. Als ze mijn bord hier weghalen kijken ze niet of ik de boel opgegeten heb, maar ik bedoel dat kunnen ze natuurlijk doen en je vragen of het gesmaakt heeft: "Vond je het lekker?" En dan zeg ik altijd "De soep was heerlijk en het vlees was ook lekker", maar de rest eet ik al jaren niet van. Ik heb al jaren geen aardappel gegeten, alleen als ik bami heb of eh... macaroni of zoiets, daar eet ik altijd wel een beetje van met een beetje kaas.'

(Pauze) 'Aardappelen eet ik nooit en de groente, ja eigenlijk vind ik er niet veel aan, want het is altijd veel te gaar, hè. Ik heb elke dag wel een bakje sla en dat eet ik altijd wel.'

'Maar ophouden met eten, dat vind je moeilijk?'

'Ik weet zéker dat ik dat niet kan.'

'Dat is dus de vraag. Waarom weet je zeker dat je dat niet kan? Wat is het dat maakt dat je dat niet kan?'

'Dat weet ik niet. Dan heb ik honger en dan ga ik eten. Ik heb blijkbaar geen wilskracht genoeg daarvoor. Ik ben verslaafd aan soep en dat stukje vlees. Ik heb vanavond geen warm eten gehad, maar nu heb ik vanochtend om twaalf uur wel een restant van vlees van gisteren opgegeten.

(Het gesprek gaat nog even door over het eten, dat ze op eigen verzoek één dag in de week zelf verzorgt.)

'Ik vraag het daarom, omdat mensen misschien zullen vragen waarom je dat niet gedaan hebt, terwijl dat had gekund. En als ik dan zeg "Ja, maar ze zei dat ze dat niet kon", dan kunnen ze zeggen: "Ja, maar wilde ze dan wel dood?" Dat is de vraag die dan komt: "Is dat niet een bewijs dat ze eigenlijk toch niet dood wou?"'

'Nee, ik wil echt wel dood. Ik kijk er zelfs naar uit!'

'Ja, ja.'

'Ik snoep helemaal niet, nooit. Dat doe ik al niet meer sinds ik die vermageringskuur deed. Ik snoepte daarvoor altijd erg veel.'

(Even later slaat de klok zes uur.)

Uit deze wat moeizame conversatie blijkt hoezeer Moek leeft met de voorstelling die ze zich al lang geleden heeft gevormd over het 's morgens onverwacht dood gevonden worden. Die fantasie heeft ze al vaker verteld en het lijkt alsof ze daar ook een bepaald genoegen aan ontleent, ongeacht de oorzaak van haar sterven. Ze verkneukelt zich gewoon bij het idee, bij de verrassing die het zal geven. Dat rijmt natuurlijk niet met een langzaam proces, dat iedereen ziet gebeuren.

Ook ziet ze duidelijk op tegen de bemoeienissen van haar verzorgers, die haar ongetwijfeld met de beste bedoelingen zullen willen blijven overhalen te eten en te drinken. Ze vindt het

55

moeilijk en vervelend een dergelijke druk te moeten weerstaan, dat kan ik goed begrijpen, haar kennende. Ze is uitgesproken in haar meningen, maar vindt het tegelijk ook moeilijk ze echt uit te spreken. Die moed ontbreekt haar zeker als ze voor zichzelf moet opkomen.

Ten slotte ziet ze op tegen het telkens weer moeten afzien van de dingen die ze lekker vindt. Ze ervaart dat als een martelgang, omdat ze geen afkeer heeft van het eten en drinken zelf, in tegendeel. Ze drinkt wel drie flessen Martini in een week en hoewel ik nooit gemerkt of gehoord heb dat haar dat ooit benevelde, mag je toch wel spreken van een soort verslaving.

Voor mij is haar opstelling hiermee wel duidelijk geworden en ik kan me haar bezwaren ook heel goed voorstellen. Wat ik me op dat moment overigens nog niet zo goed realiseer en Moek waarschijnlijk nog minder, is dat zo'n verstervingsproces als regel met allerlei vervelende verschijnselen gepaard gaat in de eindfase. Die kunnen in principe allemaal wel redelijk worden opgevangen met palliatieve maatregelen, maar daar heb je wel een betrokken arts bij nodig. Dat behoort weliswaar tot de professionele taken van een arts, maar er zijn er niettemin die dat, in zo'n geval van een bewuste keuze, toch niet wensen te doen.

Kortom: ongeacht de vraag of je voor deze vorm van sterven wilt kiezen, het is zeker niet zo dat het een keuze is waarbij je de arts niet nodig zou hebben. Toch zijn er veel artsen die deze methode suggereren als alternatief voor euthanasie, die een actieve ingreep van hun kant vereist. Dat kan zowel voortkomen uit een weerstand tegen het verlenen van euthanasie of het geven van hulp bij zelfdoding als zodanig, maar ook om te voorkomen dat artsen onnodig worden belast met iets wat je ook zelf, zonder hulp, zou kunnen doen. Die laatste overweging onderschrijf ik zeer, maar wordt wettelijk helaas nog erg tegengewerkt. En versterven lost die vraag dus niet echt op

MOEK BIJ ONS

Van het begin van Moeks periode bij ons weet ik zelf weinig meer en ook de verhalen zijn schaars. De naoorlogse jaren waren natuurlijk voor niemand eenvoudig. Veel zaken zijn dan nog gerantsoeneerd en lange tijd alleen op de bon verkrijgbaar. De winters zijn koud en verwarming is er nog nauwelijks. Ik draag wollen hemden en onderbroeken, gebreid door Moeks moeder, en mijn vader draagt Jaeger ondergoed met lange mouwen en pijpen. In het grote huis wordt 's winters alleen de huiskamer verwarmd. De eerste jaren alleen met een klein cilindervormig oorlogskacheltje, dat elke ochtend opnieuw aangemaakt moet worden. De goedkope eierkolen van geperst kolengruis kunnen de nacht niet overbruggen.

Ene meneer Ploem, voor wie mijn vader in de oorlog kennelijk veel betekend heeft, komt eens zijn dankbaarheid betuigen met een groot stuk spek, toen een ongekende luxe. Sindsdien wordt spek bij ons thuis nog jarenlang 'Ploem' genoemd: 'Mag ik nog een stukje ploem van je.'

Als ervaren huishoudster met gevoel voor vernieuwing ziet Moek kans op een flexibele en gevarieerde manier om te gaan met de beperkte middelen die haar als kok ter beschikking staan. We eten gevarieerd, modern en traditioneel door elkaar, waaronder, op wens van mijn vader, vrij veel witte rijst. Natuurlijk lang niet altijd vlees of vis, maar als er vlees is, zijn het de goedkopere en ook de minder gangbare vormen als lever, niertjes, bloedworst, rolpens en bij speciale gelegenheden ook hersenen. Kip is een luxe voor kerstmis. Later werd dat ook wel eens eend of zwaan. Als vis krijgen we niet zelden stokvis, wat aan mij niet erg besteed is, of wijting en in bijzondere gevallen schol of schar. We eten vaak soep, omdat mijn vader daar erg dol op is. Als er wat weinig soep over is of in geval van onverwachte eters, wordt die, zoals dat heette, aangevuld met wat 'laderiedeljee', een indrukwekkend woord voor water uit de kraan. Als er geen soep is, komt er soms een toetje, zoals custardvla (met vellen), griesmeelpudding met bessensap en (boekweit)grutjes met boter en stroop, drie-in-de-pan (grote dikke poffers met rozijnen) of wentelteefjes. Wij noemden dat laatste trouwens ook wel 'draaiende hondjes' of 'fietsende juffrouwen', naar een fietsschool van die naam in het Leeuwarden uit mijn vaders jeugd. De vraag 'wat eten we vanavond?' wordt meestal beantwoord met 'Husse met prikke en circonsnaps'.

Ons bovenhuis in Amsterdam-Zuid is groot, ruim en simpel van indeling. De tweede en derde verdieping hebben elk twee kamers-en-suite met daarnaast nog een vrij kleine kamer en verder een keuken op de tweede en daarboven een badkamer op de derde verdieping. Het dak van de voorste helft van het huis is een met pannen beklede punt waaronder zich een ruime zolder met veel bergruimte bevindt. Er is daar nog een kamer, die eerst van El is en later de mijne wordt. De andere helft, aan de zuidkant, is plat met grind en dat functioneert als dakterras. In navolging van Mammie, heeft Moek daar vele planten in potten en bakken van hout of Eternit staan. Ook binnen zijn altijd veel planten en bloemen.

Twee kamers boven worden permanent verhuurd. Die kunnen worden verwarmd met gaskachels, nog uit de tijd dat het huis een pension was. Met hun minimale beveiliging is het, achteraf gezien, haast een wonder dat daar nooit ongelukken mee zijn gebeurd. De eerste jaren woont er onder andere een medisch student uit Palestina bij ons, die naast zijn studie ook naaimachines verscheept naar zijn land. Tot de politie op onze stoep staat en blijkt dat het in feite om wapens gaat voor de op handen zijnde onafhankelijkheid van Israël in 1948. Nol is nog jaren bevriend met hem gebleven en ik heb hem in 1978 in Jeruzalem opgezocht. Wij hebben wel tweemaal in de week een werkster, Tona. Moek steunt veel op haar heldere en praktische inzichten. Voor mij heeft ze ook veel betekend en er zijn altijd heel dierbare banden met haar en haar familie blijven bestaan. Als we iets niet konden vinden, zei Moek altijd: 'Wacht maar tot Tona komt, die weet het wel.' Een van de gevleugelde uitspraken van Tona was 'Ik ben niet zo aantrekkelijk', waarmee ze aangaf zich ergens niets van aan te trekken.

Moek, die thuis is opgegroeid met poezen, zorgt ervoor dat wij thuis ook altijd een poes in huis hebben; eerst Dinah (vernoemd naar de kat uit Alice in Wonderland), later Sisi. Ons huis in Amsterdam heeft een ongelukkig dak, waar alle poezen die bij ons komen allemaal wel een keer vanaf vallen, vijf verdiepingen naar beneden! Ze breken poten en meer, maar overleven het allemaal en worden zonder uitzondering vrij oud. Dat is elke keer weer triest en wonderbaarlijk tegelijk.

Mijn zusje Anseke overlijdt in maart 1947 aan een longontsteking, zes jaar oud. Dat moet voor iedereen een grote klap zijn geweest, maar zeker voor Moek die met succes en liefde veel energie in haar opgroeien gestoken heeft. Ikzelf heb aan die gebeurtenis maar een vage herinnering. Toch moet het ook mij erg hebben bezig gehouden. Op donderdag 25 augustus 1949, ik ben nog net zes jaar, is Moeks laatst bekende dagboekaantekening: "Aan het ontbijt vraagt Abje me plotseling, tusschen andere verhalen door, 'Moekie, had ik Ampietje niet moeten wakker maken? Het is zo jammer dat ze bleef slapen en dood ging, het was zo'n lief meisje. Kon ik haar niet wakker maken?' Het is nu 2 jaar en 4 maanden geleden dat ze stierf.'

Ik heb me bij Moek altijd thuis gevoeld. Al treedt mijn vader duidelijk op als het hoofd van het gezin, zijn eigen gezegde was: 'De man is de baas in huis, maar wat de vrouw zegt, dat gebeurt.' En zo was het ook. Niet alleen omdat hij zelf veel afwezig was, maar vooral ook omdat Moek voor mij een warme, begripvolle en stevige thuisbasis vormde, die ik erg nodig had. Ze kon soms wel milde dooddoeners gebruiken, zoals 'Zeurderij komt altijd uit', 'met blote benen naar bed' en 'wat je niet lekker vindt, eet je maar het eerst op'.

Het moet niet gemakkelijk zijn geweest rond te komen in het grotendeels leeggeroofde huis, met een smalle beurs en veel zaken nog op de bon. Bovendien draagt mijn vader nog de last mee van een zware alimentatieverplichting jegens zijn eerste vrouw. Dat maakt het in die naoorlogse jaren niet eenvoudig de eindjes aan elkaar te knopen. Een boterham 'met tevredenheid' (zonder beleg) is in die tijd voor ons kinderen dan ook de gewoonste zaak van de wereld.

Naast zijn twee banen als hoogleraar en hoofdredacteur van Medisch Contact, het vakblad voor artsen, is mijn vader actief betrokken bij vele andere, onbezoldigde activiteiten. Vooral ten behoeve van studenten en niet zelden als één van de voortrekkers van Mensa, gezondheidszorg, sanatorium en vluchtelingenopvang. In 1948 heeft hij ook de reguliere, maar veeleisende bijbaan als rector magnificus van de universiteit. Dat valt samen met de troonswisseling, wat het weer extra druk maakt. Moek heeft weinig met al die zaken, maar wordt wel geacht mijn vader te vergezellen bij de verschillende beleefdheidsbezoeken die hij onder andere als rector hoort af te leggen. Ze vindt al die plicht-plegingen een crime, maar schikt zich er wel in.

Mijn erg sober ingestelde vader doet ondertussen weinig om het Moek materieel gemakkelijk te maken. Hij deelt veel van zijn zorgen met haar in hun smalle bed. Ik hoor ze dan soms lang van gedachten wisselen. Of hij ook aan háár zorgen toekomt? Uit wat Moek mij later toevertrouwt, was hij geen man die met bloemetjes of andere attenties thuiskwam. Toch was die liefde er duidelijk wel en wederzijds, zoals onder andere blijkt uit het dagboekcitaat van 12 maart 1948 over een dag samen meubels kopen: "[...] Daarna bij J. 2 stoelen en 2 tafeltjes gekocht. Erg leuk. 't Viel me mee. Ik was zo bang dat Carel te donkere of saaie stoelen wou hebben. Misschien was hij wel bang voor mij, met lichte of te moderne. Ik zal het eens vragen. Erg heerlijk deze tweede kamer erbij. Ik kocht nog een snoezig aschbakje voor op m'n nieuwe tafeltje!! Echt uitspatterig. Liefste lieveling, ik ben zo blij en dankbaar met je."

Memorabele hoogtepunten voor mij, verbonden met de activiteiten van mijn vader, zijn de eerste steenlegging van het Studenten Sanatorium NSS in 1950 en de opening van Madurodam in 1952. Bij de eerste gebeurtenis mag ik samen met de dochter van de architect bloemen geven aan koningin Juliana en in Madurodam mag ik stiekem mee met de rondleiding voor het 'gemeentebestuur' en de prinsessen Irene en Beatrix die de 'burgemeester' is. Niet gehinderd door enige gêne en gevoel voor decorum sta ik daarbij zoveel mogelijk vooraan.

Hoewel Moek eigenlijk nooit veel voor spelletjes voelt, is ze wel heel bedreven in het organiseren van verjaarspartijtjes met allerlei spelletjes, vele prijsjes en weinig snoep. Ik heb daar hele goede herinneringen aan overgehouden, die ik weer gebruikt heb bij de latere partijtjes van mijn eigen kinderen.

Veel van mijn herinneringen zitten diep opgeborgen. Ik was – terugkijkend – altijd erg met 'overleven' bezig en weinig betrokken bij mijn omgeving, al had dat weinig te maken met hoe Moek en mijn vader voor mij zorgden, maar vooral met de impact van de ervaringen bij het vertrek van Mammie.

Ik herinner me nog gezellige avonden, waarbij mijn vader de cellosuites van Bach zat te studeren, een associatie die altijd weer bovenkomt zodra ik die suites hoor. Moek zat dan te handwerken. Hoe vaak zulke avonden voorkwamen, weet ik niet goed meer. Waarschijnlijk alleen in het weekeinde, want doordeweeks had mijn vader veel vergaderingen. Soms waren die bij ons thuis. Hoewel bij ons niemand rookte, stond er dan toch een mandje met wel tien verschillende merken sigaretten op tafel, want iedereen moest natuurlijk wel zijn eigen merk kunnen roken. Dat die zo wel erg uitgedroogd moeten zijn geraakt, was blijkbaar niet belangrijk. Longkanker en gezonde lucht speelden toen kennelijk ook nog geen rol. Er was zelfs een longarts bij, die zoveel rookte dat Moek wel twee asbakken voor hem moest klaarzetten.

We wandelen nogal eens in het Gooi rond Laren en Blaricum, waar we in verband met het daar gelegen Studenten Sanatorium, veel komen. Moek is daar natuurlijk ook goed thuis, sinds haar jaren bij de Van Goghs.

Van onze gezamenlijke vakanties herinner ik me vooral die bij de familie De Groodt in Antwerpen, waar ik heb leren fietsen en mijn 'pollen kuisen', mijn handen te wassen. Ook herinner ik me de pensions op Terschelling en in de Wouwse Plantage (N-Br), waar ik mijn eerste fietstochten meemaak.

Tijdens de overtocht van Harlingen naar Terschelling gebeurt iets grappigs dat Moek karakteriseert. De overtocht wordt dan nog niet gemaakt met een moderne veerboot, maar met een soort vrachtboot. Fietsen en bagage staan daarbij nogal proviso-risch aan dek geparkeerd en het aan boord gaan is een vrij lastig en chaotisch gebeuren. Moek en ik banen ons een weg om een plekje te vinden, mijn wat onzeker lopende vader volgt ons op enige afstand. In de drukte struikelt hij en valt. Eén van de andere passagiers ziet dat en schiet Moek geschrokken aan, zeggende: 'Mevrouw, mevrouw, uw man valt!' Moek weet natuurlijk dat dit hem wel vaker overkomt met zijn wankele tred en dat hij daardoor in zijn leven ook goed en veilig heeft leren vallen. Zij antwoordt zonder om te kijken en voordat ze er erg in heeft met een zekere onverschilligheid: 'O, dat is hij gewend.'

'Die vrouw keek me aan als of ze me wel kon vermoorden,' vertelt ze later. 'Ik moet wel erg harteloos hebben geklonken.' Die uitspraak is daarmee ook één van de gevleugelde uitdrukkingen bij ons thuis geworden.

Samen met mijn vader maakt Moek ook fietsvakanties in Nederland, waarbij de wind in de rug de richting aangeeft. Zo laten ze zich verrassen waar ze overnachten. Aan het einde nemen ze dan de trein terug naar huis.

Religie staat bij ons thuis niet op de voorgrond, maar speelt in zeer vrijzinnige vorm wel mee. Mijn vader is aanvankelijk actief doopsgezind, maar breekt met deze kerk als die zich een keer, naar zijn mening, asociaal opstelt. Hij zei van zichzelf dat hij achter de microscoop religieus is geworden en ik kan me dat later, tijdens mijn studie bosbouw goed voorstellen. Zelf trek ik die conclusie niet.

Ik ga wel naar de zondagschool en naar een doopsgezinde zeeverkennerij. Er wordt een tijd thuis aan tafel gebeden, maar het houdt ook weer op. Terugkijkend denk ik dat ikzelf daar de aanleiding toe heb gegeven, zowel het beginnen ermee als het stoppen. Met Kerstmis luisteren we rond de kerstboom altijd eerst naar een grammofoonplaat waarop koningin Juliana het geboorteverhaal uit Lucas 2 voordraagt en daarna leest mijn vader een modern kerstverhaal voor. Moek is religieus niet actief. Ze komt van origine wel uit een doopsgezind nest, maar dat is niet actief kerkelijk en ze is voor zover ik weet dan ook nooit gedoopt of zelfs maar naar de kerk geweest. Haar ouders zijn goed bevriend met een familie Valkema, die overtuigde antroposofen zijn. Moek gaat wel om met de dochters, maar voelt zich toch niet erg aangetrokken door hun overtuiging. Haar moeder voelt zich vóór de oorlog enige tijd aangetrokken door de idealistische Bellamy-beweging. Als mijn vader zich op een gegeven moment aansluit bij het Genootschap van Vrienden (de Quackers), gaat ze soms met hem mee. Ze kent een aantal van hen goed en blijft ook na de dood van mijn vader het contact met hen onderhouden. Ze laat zich in onze gesprekken nooit duidelijk in persoonlijke zin uit over levensbeschouwelijke zaken en ziet vermoedelijk geen aanleiding zich ergens bij aan te sluiten. Wel vind ik later tussen haar spullen een paar kleine kladpapiertjes met opvallende citaten. Het ene komt uit de Bhagavad Gita. Ik weet niet of ze die echt gelezen heeft of het citaat ergens is tegen gekomen:

'Onwaarneembaar is het begin der schepselen, waarneembaar hun tussentoestand, onwaarneembaar ook hun einde.'

Op een ander staat (zonder bronvermelding):

'Als je dood gaat ontmoet je het licht van voor de schepping.'

Dat ze dat opgeschreven en bewaard heeft, zegt wel iets over hoe bewust en vol aandacht ze in het leven staat, maar de reden of aanleiding blijft onduidelijk en er kan dus niet heel veel uit worden opgemaakt. Een christelijke signatuur blijkt er in elk geval niet uit, eerder het tegendeel.

In haar laatste gesprekken met mij zegt Moek me dat ze volstrekt niet nieuwsgierig is naar wat ze na haar overlijden zal tegenkomen. Ik ervaar dat dan vooral als een soort agnostische 'onverschilligheid', voortkomend uit de idee dat je dat nu eenmaal toch niet kan weten en dat elke speculatie dus zinloos is. Mogelijk is de zogenaamde niet-wetende levenshouding, wat meer is dan wat met agnost wordt bedoeld, op haar van toepassing. Het kan ook zijn dat het meer mijn invulling is, omdat het goed bij mij zelf past.

Eind 1954 besluit Moek een nieuwe opleiding te gaan volgen. Ik woon als enig kind nog thuis. El en Nol zijn getrouwd en El is in 1953 zelfs naar Canada geëmigreerd. Ik ben in 1954 naar de middelbare school gegaan en waarschijnlijk voelt Moek zich daardoor vrij om iets nieuws te beginnen. De AOW bestaat dan nog niet en vermoedelijk houden mijn ouders er rekening mee dat Moek, door het grote leeftijdsverschil, mogelijk nog een tijdje haar eigen inkomsten zal moeten kunnen verwerven. Dat zal als kleuterleidster na zoveel jaren natuurlijk niet meer zo gemakkelijk zijn en misschien wil ze dat dan ook niet meer.

Ze kiest voor de in Nederland nieuwe opleiding arbeidstherapie. Die kan in een sterk verkorte periode van circa twee jaar worden afgerond. De studie onder leiding van de toen bekende trainer Leffelaar, die ook fysiotherapeuten opleidt, heeft een stevige paramedische poot en daarnaast een flinke, veelzijdige handarbeidtak. Daarin komen onder andere hout-, leer-, karton- en metaalbewerking aan bod, weven en pitrietvlechten, met als doel daarmee de revalidatie van allerlei gehandicapten op een zinvolle, creatieve en gericht oefenende manier te kunnen stimuleren. Het is een zeer intensieve, sterk gecomprimeerde opleiding onder nogal geïmproviseerde omstandigheden, met acht deelnemers. Daaronder twee die net van de middelbare school komen en een paar reeds ervaren fysiotherapeuten, dus zeer verschillend van leeftijd. Moek is met 46 jaar de oudste. Het is een hecht groepje. Ze hebben veel plezier met elkaar Moek doet daaraan volop mee. Dan toont ze dus haar humorvolle kant, die ikzelf niet zo goed ken, maar die ook volgens anderen zeker bestaat. Wat Moek ertoe brengt deze opleiding te kiezen, weet ik niet. Achteraf verwondert me haar keuze wel, omdat ze zich nooit erg handig toonde, afgezien van naaien, breien en handwerken. Knutselen doet ze vrijwel nooit. Voor alle huishoudelijke klussen valt ze op mij terug, zelfs voor het maken van een stekker aan een snoer. Wel ontwikkelt ze tijdens deze opleiding haar passie voor weven.

Ze doet examen in november 1956 en omdat ze twee maanden later als eerste van de zeven geslaagde cursisten haar diploma tekent, is ze dan ook de eerste arbeidstherapeut van Nederland. Er wordt meteen ook een beroepsvereniging opgericht met een eigen logo, waarvan tevens een op te spelden beroepsinsigne wordt gemaakt. Moek wordt de hoofdredacteur van het eigen blaadje, waarvan het eerste nummer in november 1958 verschijnt.

Voor mij heeft de opleiding van Moek veel consequenties. Ik ben regelmatig alleen thuis, moet vaker ook iets aan het eten doen of op een andere manier voor mezelf zorgen. Ook word ik dermate door de gedetailleerde leerstof van Moek over botten, spieren, bloedvaten, ingewanden en zenuwen afgeschrikt, dat ik – als ik mijn studie moet kiezen – er vanaf zie voor biologie te gaan, wat mijn aanvankelijke voorkeur had. Dom natuurlijk, maar gelukkig heb ik dat later via een omweg nog wel goed kunnen maken. 1958 is een heugelijk jaar, zeker voor een vrouw als Moek. In dat jaar worden namelijk getrouwde vrouwen officieel handelingsbevoegd. Het is nu, meer dan een halve eeuw later, haast niet meer voor te stellen, maar vóór die tijd kon een getrouwde vrouw alleen met toestemming van haar man een eigen bankrekening hebben en daarover beschikken. Toen besefte ik de reikwijdte daarvan niet zo, maar het feit dat ik me nog kan herinneren dat ze daar toen over sprak geeft wel aan hoe belangrijk dat voor haar geweest moet zijn. Het patriarchaat bleef nog wel in haar paspoort zijn sporen behouden, met de verplichte vermelding van haar echtgenoot. Dat veranderde vijftien jaar later. In datzelfde jaar '58 neemt Moek ook autorijlessen, waarvoor ze redelijk snel slaagt. Dat ze die lessen kan betalen zal wel verband houden met het wegvallen van de alimentatieverplichting van mijn vader. Zodoende is er financiële ruimte ontstaan voor een autootje. Dat wordt een Eend.

Niet lang nadat ik in augustus 1960 naar Wageningen ben vertrokken om bosbouw te studeren, besluiten mijn ouders naar het noorden van het land te vertrekken. Mijn dan net gepensioneerde vader wil iets starten voor studenten met ernstige psychische problemen. Hij heeft daarvoor de professionele steun nodig van geïnteresseerde deskundigen, die hij gevonden heeft aan de universiteit van Groningen.

Moek loopt niet zo warm voor een verhuizing. Er wordt op dat moment veel gebouwd in Nederland en het overwegende standaardtype is de doorzonwoning in een rijtje. Moek gruwt daarvan. Via een goede vriendin, wier neef burgemeester is in Zuidlaren, horen ze op een gegeven moment van een leegstaand boerderijtje in Midlaren, niet te ver van Groningen. Een 'keuterijtje' zouden we nu zeggen, want veel meer is het niet. Mijn vader gaat kijken en neemt Nol mee, die bouwkundige is. Ze keuren het goed. Het is niet veel – anderhalve kamer en één kraan zonder afvoer– maar technisch is het solide en het is groot genoeg om er met een verbouwing iets moois van te kunnen maken. Het heuveltje waarop het huis ligt, een uitloper van de Hondsrug, is door een recente zandafgraving eromheen op een soort terp gaan lijken. De ligging is prachtig, niet ver van de Drentsche Aa en het Noordlaarderbos en een hunebed op loopafstand. Als Moek later ook gaat kijken, ziet ze er echter niets in. Deze gebrekkige fantasie zal ook vaker een van Moeks zwakke kanten blijken: ze kan zich moeilijk een beeld vormen van een geprojecteerde ontwikkeling en laat zich vooral leiden door het gevoel dat de eerste indruk bij haar oproept. Moek laat zich niettemin overtuigen door de anderen. Gelukkig, want naderhand zal ze er haar mooiste jaren beleven. Op 10 januari 1961 wordt het boerderijtje gekocht voor 9000 gulden. Na een grondige verbouwing van vele maanden, waarbij mijn ouders in een pension in Zuidlaren bivakkeren, wordt het in het najaar betrokken.

Straatnamen zijn er dan nog niet, er is geen riolering of gas en de telefoonlijnen lopen bovengronds. De administratieve aanduiding is C88. Later wordt de weg erheen Heiveen genoemd, naar de boerderij en het land aan de overkant. Het huis krijgt de naam Oud-Heiberg in navolging van de achterliggende boerderij Heiberg, waarvan de boer in het huis van mijn ouders geboren is.

Er ligt een flinke lap grond rond hun huis om in te richten en te beheren, bijna een vijfde hectare. Door de zandafgraving is alles hartstikke kaal en vlak. Alleen twee bomen staan zo dicht op het uit 1870 stammende huis dat ze gespaard zijn gebleven: een grote eik vlak achter het huis, waarschijnlijk even oud, en een appelboom. Bij elkaar een weinig uitnodigend beeld dus. De achtergebleven pure zandgrond is natuurlijk verstoken van enige humus of andere organische stof. Een deel van de tuin fungeert bovendien nog als overpad naar aangrenzende landbouwgrond. Niettemin begint dan de volgende passie van Moek, waaraan ze zich met veel verve en energie zal overgeven: tuinieren, een latent verlangen sinds haar jeugd.

Met behulp van een tuinontwerper plant ze een stuk of zes populieren, enkele abelen (witte populieren), een Metasequoia en allerlei struiken als meidoorn, hazelaar en kardinaalsmuts in een brede rand langs het grootste deel van het terrein. In het midden komt een groot grasveld, met in een deel daarvan een paar appel- en perenbomen. Het heeft voldoende ruimte om er in de vakanties croquet te spelen. De steile en droge helling van het afgegraven talud wordt een soort rotstuin. Behalve de fruitbomen, een hazelaar en een paar rode bessenstruiken, vermijdt ze alle nuttige en eetbare planten. Een moestuin met eigen groenten is aan Moek niet besteed. Zelfs de door haar geplante vruchtdragers krijgen feitelijk niet de aandacht die ze zouden behoeven.

Ze voert er bijna permanent vogels op twee voerplanken, waar ze kruimels, oud brood en kaaskorstjes neerlegt, in de winter aangevuld met hangende pindakettingen, vetbollen en halve kokosnoten. Er zijn ook meerdere speciale drink- en wasschotels voor hen in de tuin. Egels komen lange tijd regelmatig op het terras en die voert ze dan melk, samen met de poes. Verder verschijnt er eens een verwilderde witte haan en een tam zwart met wit konijn in haar tuin, maar na de eerste interesse en nieuwsgierigheid verjaagt ze die toch, omdat ze haar tuin 'verrinneweren', zoals ze dat noemt.

In die tijd komt er naast de poes, op wens van mijn vader ook een hondje in huis: Marieke, omdat ze uit Nijmegen komt. Ook na de dood van mijn vader blijft Moek erg aan haar verknocht en maakt ze er vele lange wandelingen mee. Toch houdt ze het bij poezen als Marieke tenslotte overlijdt. Wel een gevoelig verlies voor haar, maar sentimenteel zal ze er niet van worden. Ze laat dat in elk geval niet blijken.

Hoewel mijn vader de eerste vijf jaren in Midlaren nog veel energie stopt in zijn nieuwe werk als counselor van studenten met problemen, is hij nu veel meer thuis. Hij heeft zelfs een paar huishoudelijke taken op zich genomen: grasmaaien met de elektrische maaier en autowassen. Ook streven ze er samen naar, als eerste 'import', een goed contact met de verschillende buren te onderhouden, grotendeels nog actieve boeren met een gemengd bedrijf. Ze proberen zich zo goed mogelijk te voegen in de lokale gebruiken van burenhulp en nieuwjaarsviering. Van hen beiden heeft Moek daarbij nog de minste moeite met het gangbare dialect.

Ze genieten van de vele wandelingen en autotochten samen, waarbij de groeiende reeks routes van de ANWB hen tot leidraad dienen. Moek trekt er graag op uit, ook alleen. Haar vader zei vaak: 'De thuiszitters hebben het slechtste weer', en aan dat motto heeft ze zich veelal gehouden. Ze is altijd avontuurlijk van aard geweest en maakte reeds als 25-jarige verschillende sportieve wandelreizen naar binnen- en buitenland, zij het nooit in groepsverband. Mijn vader wil ook wel, maar hij komt er uit zichzelf moeilijk toe vanwege zijn vele activiteiten en grote betrokkenheid bij allerlei zaken. Ook zijn lichamelijke beperking en leeftijd zullen daarbij wel een rol spelen. Moek is hierbij ongetwijfeld de drijvende kracht om hem over de streep te trekken. Nu ze de kans weer krijgt, reist ze met mijn vader vele malen naar België en Frankrijk en voorts naar Denemarken, Oost-Friesland, Italië en Canada, soms in combinatie met congresbezoek.

In januari 1972 overlijdt mijn vader plotseling, 81 jaar oud. Hij is nog heel actief en op dat moment op reis naar een bijeenkomst in Nijmegen over medische polemologie. Daar op het station krijgt hij een hartinfarct, zonder symptomen vooraf. Moek is aan het wandelen, hoort het bij thuiskomst van de buren en is nog net op tijd in het ziekenhuis in Nijmegen, waar wij kinderen dan al zijn, om afscheid te kunnen nemen. Het is alsof mijn vader, die zichtbaar op de rand balanceerde, op haar komst heeft gewacht voor hij kon gaan. Met hun grote leeftijdsverschil is ze natuurlijk niet onvoorbereid, maar door zijn nog altijd grote vitaliteit komt dit toch wel erg onverwacht. Moek zal zich nog lange tijd verwijten maken dat ze niet thuis was toen het bericht over mijn vader kwam. Een onterecht schuldgevoel natuurlijk, maar zo gaat dat vaak: 'Als ik niet...'

Er vangt dan een nieuwe periode in het leven van Moek aan, waarin ze moet terugvallen op haar lange ervaring als alleenstaande vrouw. Hoewel het haar goed af gaat valt het haar niet makkelijk en is de schok groot. Mijn vrouw en ik en ook Nol en haar man Jacques zijn vaak bij haar. Zelf gaat ze veel met de auto en wandelend op stap. Voor weven heeft ze geleidelijk aan minder belangstelling. Alle aandacht gaat nu naar de tuin.

Aangezien op dat moment de ruilverkaveling net achter de rug is, waarmee het nog bestaande overpad naar een achter de tuin gelegen akker zijn functie heeft verloren, is een complete herinrichting mogelijk. Met behulp van een mij uit Wageningen bekende tuinarchitect, gebruikt ze die kans om een catalogus aan nieuwe bomen, struiken en andere planten een plek in de tuin te geven. Ze laat zich daarbij meer leiden door het verlangen naar veel verschillende bekende soorten, dan door een visie op de samenstelling en ontwikkeling, kleur en compositie, grootte en bloeitijd van het geheel. Ondanks de hulp van de tuinarchitect kan ze zich bij het plannen van de inrichting, moeilijk een plaatje vormen van hoe het er in de toekomst uit zal gaan zien. Daardoor worden de talrijke bomen en struiken ook vaak veel te dicht bij elkaar geplant. Zo wordt de oorspronkelijk open en zonnige tuin nu heel vol en schaduwrijk. Maar Moek is er gelukkig mee.

Het eerste jaar alleen, gaat ze nog met ons mee naar de Hoge Venen van de Ardennen, voor een wandelvakantie. Het jaar daarop boekt ze voor een drieweekse groepsreis naar de oude kunstschatten van Syrië en Jordanië. Ze ziet wel op tegen zo'n groepsreis, dat past eigenlijk slecht bij haar individualistische natuur. Ze zet zich er toe om dat toch maar eens te ervaren en zich los te maken uit de isolatie van het alleen-zijn. Tijdens die reis trekt ze veel op met een andere vrouw van haar leeftijd, Nicole, met wie ze naderhand bevriend blijft en andere reizen maakt. Helaas overlijdt die al een paar jaar later.

Verder onderneemt ze met onder andere mijn broer Hidde en zijn vrouw, Nol en haar man en mijn tante Puck verschillende korte of langere reizen naar Oost-Friesland, Frankrijk, Spanje, Griekenland, Londen, Wenen en nog eens naar Canada. Vlak voor die reis naar Canada valt ze en breekt haar arm, te hoog om te kunnen worden gespalkt. Met de hulp van mijn tante Puck durft ze de reis toch aan en dat gaat goed.

Tussendoor komt ze ons steeds opzoeken in dat buitenland, waar wij dan zijn: Algerije, Mali en Burkina Faso. In december 1990 gaat ze met me mee Kerstmis vieren bij mijn Estlandse vrienden, die dan net weer onafhankelijk zijn geworden. Eind negentiger jaren gaan we samen nog een paar dagen naar Praag, omdat ze daar graag naartoe wil, maar niet meer de energie heeft om dat nog alleen te doen.

Veel tijd besteedt ze aan het maken van fotoalbums over haar reizen en plakboeken over allerlei kunstuitingen, iets waar ze in Amsterdam al mee begonnen is. Ook maakte ze er toen voor mij een over dieren. Ondertussen vult ze vele multobanden met foto's van de tuin en van de poezen die ze maakt met haar uiterst simpele Agfa-cameraatje, elk jaar opnieuw. Vaak hetzelfde en niet zelden onscherp, want haar ogen zijn niet best en ze houdt ook geen rekening met de dieptescherpte van de eenvoudige camera. Het is aandoenlijk en zegt vooral iets over hoe ze van haar tuin geniet. Natuurlijk komen ook de verschillende dieren die er zich vertonen aan de beurt, zoals de egels, de verdwaalde haan en het konijn.

Als ze 85 is stopt ze met autorijden. Ze ziet nog maar met één oog en raakt daardoor betrokken bij een botsing. Niet ernstig, maar ze durft dan niet meer.

In 1998 viert Moek haar negentigste verjaardag met een grote partij bij het Zuidlaardermeer, waar veel familie, vrienden en kennissen voor worden uitgenodigd, waaronder een aantal dierbare oude bekenden zoals Tona en de vrienden uit Antwerpen. Zelfs mijn geëmigreerde zus El komt ervoor over uit Canada. Nol en haar man, die in Spanje wonen, zijn er natuurlijk ook, maar Nol is dan al doodziek. Het is de laatste keer dat Moek zoveel mensen om zich heen weet te verzamelen en ze geniet met volle teugen van alle aandacht.

Nol overlijdt binnen een halfjaar, pas 69 jaar oud. Hoewel dat niet onverwacht is, raakt het Moek diep. In de loop van de vele jaren zijn ze op een bepaalde manier een soort maatjes geworden en Moek mist haar zeker, ondanks de wrijvingen die er soms wel konden zijn. Tona en andere bekenden overlijden in de jaren die volgen en zo wordt de wereld van Moek geleidelijk aan steeds kleiner. Zelf laat ze dat ook gebeuren, omdat ze vaak de fut niet meer op kan opbrengen de contacten te onderhouden.

Eenmaal weet ze nog te schitteren als *the grand old lady* bij de huwelijksvoltrekking en de receptie van Minne als die trouwt op 05-05-05! Moek kan dat echter maar even volhouden en vertrekt alweer snel.

Als Aafke ruim twee jaar later ook haar huwelijk viert, brengt ze dat haast niet meer op. Ze komt nog wel om het paar een plezier te doen, maar het is haar eigenlijk te veel en te vermoeiend. Ze moet er twee dagen van bijkomen.

VERTREK UIT MIDLAREN

Rond het middaguur wordt het verhoor onderbroken voor een lunchpauze. Anker en ik worden naar een andere ruimte gebracht waar we wat te eten krijgen. Het is een kleine cel, waarschijnlijk bedoeld om verdachten via een raam in de muur met familie te laten communiceren. We zitten er opgesloten, want kunnen er niet op eigen initiatief uit. De rechercheurs lunchen in de kantine.

Als de pauze na een uur voorbij is, worden we weer opgehaald en gaat het verhoor verder. De rechercheur komt dan met een heleboel vragen over Moeks gezondheid, haar medicijngebruik, het verblijf in Sonneheerdt en de bezoeken die ze krijgt van haar familie, vrienden en kennissen.

Ik leg dat allemaal uit.

Eind 2003 besluit Moek dat de situatie in Midlaren moeilijk is vol te houden. Ze is dan 95. Haar ogen worden steeds slechter en ondanks de vele lampen ziet ze te weinig in haar vrij donkere huis. Ze maakt naar haar gevoel te vaak fouten, door bijvoorbeeld kopjes te vol te schenken of ernaast.

Tot die tijd had ze geprobeerd om alleen met een stok te lopen, maar uiteindelijk ontkomt ze toch niet aan een rollator, omdat ze te vaak en te gemakkelijk valt. Er zijn in het huis evenwel verschillende plekken waar ze met de rollator moeilijk kan komen. Ze probeert dan van houvast naar houvast te lopen en dat gaat natuurlijk wel eens fout. Haar reflexen zijn blijkbaar traag en als ze valt, komt ze snel ongelukkig terecht. Ze breekt daarom veel: arm, neus, kaak en ribben krijgen allemaal een beurt, maar gelukkig niet haar heup of been.

Als het 's avonds misgaat, voelt ze zich bezwaard om van de alarmknop om haar hals gebruik te maken. Ze wil de buren, die daarmee gebeld worden, niet 'onnodig' lastig vallen. Vaak gaat het nog net goed, op wat schaafplekken na, maar overeind komen lukt meestal niet meteen. Dan probeert ze zich zittend te verplaatsen naar een stoel of bed, waar ze zich aan kan optrekken. Daar kan ze dan wel meer dan een uur mee bezig zijn. Daarna is ze natuurlijk doodop en zijn haar kleren beschadigd. Eén keer lukt het helemaal niet. Dan trekt ze de matras van haar bed op de grond en gaat daarop slapen. Gelukkig kwam de volgende ochtend de werkster.

Een andere keer valt ze in de tuin en kan ze niet meer overeind komen. 'Toen ben ik maar om me heen gaan wieden. De buurman zal binnenkort wel naar buiten komen om de krant uit de brievenbus te halen, dacht ik,' vertelt ze later aan een kennis. Die laconieke 'ik los het zelf wel op'-houding is tekenend voor Moek.

Eenmaal valt ze ernstiger en blijft ze enkele weken aan bed gekluisterd, toevertrouwd aan de zorg van de Thuiszorg, die tweemaal per dag langskomt. Die keer organiseer ik mijn Haagse parttimebaan zo, dat ik die weken grotendeels vanuit haar huis kan werken en voor haar kan zorgen.

Ze komt de laatste jaren het huis bijna niet meer uit, op haar terras na. De boodschappen, die ze telefonisch bij Albert Heijn bestelt, worden door een speciale koerier gebracht. De werkster Alwina, die vier keer per week komt, doet soms ook wat andere boodschappen voor haar. Drie dagen helemaal voor zichzelf zorgen valt haar steeds zwaarder, al zegt ze wel dat ze 'vrij' heeft als er geen werkster of anderen langskomen. Alleen zijn is voor haar ondanks alles duidelijk geen straf. Eenmaal probeert ze 'Tafeltje dekje', maar de zeer traditionele kant-en-klare maaltijden bevallen haar niet, passen niet binnen haar smaakpatroon. Dus blijft ze maar voor zichzelf koken, hoe eenvoudig ook.

Het lage gedeelte van haar tuin, waar ze feitelijk al tijden niet meer kan komen en met haar slechte ogen alleen nog over uit kan kijken zonder veel details te zien, raakt gaandeweg verwilderd. Als ook nog eens haar ongeveer twintig jaar oude poes Peter overlijdt, concludeert ze dat het tijd is om een andere plek te zoeken.

Ze schakelt mijn hulp in bij het zoeken naar een alternatief. We gaan vooral op zoek naar een bejaardentehuis dat gespecialiseerd is in blinden en slechtzienden. Ze wil bovendien meer naar het centrum van het land, dichter bij kinderen en kleinkinderen. Ze kiest aanvankelijk voor Wolfheze. We zijn ook bij het nabij gelegen Mooi Land in Doorwerth gaan kijken, waar ze zo in zou kunnen, omdat het op de nominatie staat om te worden verbouwd. De sfeer bevalt haar daar wel, maar de kamers zijn erg klein en het is niet speciaal ingericht op slechtzienden. Ze heeft ook moeite met het gedoe van de op handen zijnde verbouwing, dus vervalt die keuze. Het duurt echter lang voor er plaats is in Wolfheze en de druk wordt steeds groter. Daarom gaan we tenslotte ook kijken bij Sonneheerdt in Ermelo, wat een vergelijkbaar tehuis is. Daar blijkt uiteindelijk het snelste, eind februari 2004, een plaats beschikbaar te komen. We besluiten dat ze 15 april zal verhuizen. Eigenlijk gaat dat Moek te snel, maar ik vermoed dat het voor haar waarschijnlijk in alle gevallen wel te vlug zou zijn, na de ruim veertig jaar die ze in Midlaren gewoond en geleefd heeft. Langer wachten lost volgens mij niets op.

Ze krijgt daar een ruime kamer, met was- en doucheruimte,

eenvoudige keukenhoek en een terrasje aan de rustige achterkant van het woonblok. Het is één van de zes als 'portacabins' aan het oorspronkelijke gebouw toegevoegde kamers en die zijn ruimer en praktischer dan de gewone kamers. Er is ruimte genoeg om het met enkele vertrouwde meubels en wandversieringen op haar persoonlijke wijze in te richten. De ontvangst en de verzorging bevallen Moek goed. Ze is overal heel content mee. Maar het past ook bij haar instelling om snel tevreden te zijn.

Moek neemt haar nogal schuwe poesje mee, maar die is te schrikachtig om te kunnen wennen aan de aanloop van alle verzorgers. Als het, na een paar weken binnen te zijn gehouden, tenslotte naar buiten mag, komt het niet meer terug. Het is een flinke teleurstelling, maar ze accepteert het gelaten. Je kunt zo'n beestje niet forceren, beseft ze.

Haar terrasje zet ze vol planten in bakken en potten: rozen, oleanders, geraniums, viooltjes. Ze zeult er regelmatig gieters water heen, daar kan ze een halve dag mee zoet zijn. Later zaait ze ook wat planten in het plantsoen dat grenst aan haar terras. De zonnebloemen uit het vogelvoer vormen tenslotte een soort oerwoud. Haar terras kijkt in de verte uit op een bos en Moek geniet daarvan.

Ze zit graag buiten, vaak onder een parasol, en heeft veel plezier van de vogels die ze voert op een voerplank met pinda's, broodkruimels, stukjes kaas en een halve kokosnoot, zomer en winter, zoals ze in Midlaren gewend was. Ze is blij verrast als zich regelmatig een eekhoorn op het voertafeltje voor de vogels gaat vertonen. Dus krijg ik de opdracht hazelnoten te kopen, waarvan ze er telkens een paar op het plankje legt. Aanvankelijk is ze opgetogen als de schichtige eekhoorn zo brutaal is dat hij haar kamer binnenkomt en naast haar op de leuning van haar stoel komt zitten. Ze verroert zich niet en houdt haar adem in. Als ze zich later realiseert dat het dier weinig zindelijk is, hoeft dat niet meer. Op het terrasje blijft het niettemin een welkome gast, die ook vaak gefotografeerd is. Het blijft een bijzondere belevenis voor haar.

Geheel in stijl met haar individualistische aard, geeft Moek er de voorkeur aan op haar kamer te blijven en daar ook te eten. Hoewel het eten haar over het algemeen goed bevalt, besluit ze op woensdag voor haar eigen maaltijd te zorgen. Gewoon voor de verandering en ook om nog eens iets zelf klaar te maken, al stelt dat met de geringe mogelijkheden weinig voor: ze heeft alleen een waterkoker en een klein elektrisch oventje. Ze eet dan bijvoorbeeld wat garnalen of zalmsnippers met toast, soms een haring, wat bouillon of Cup-a-Soup, een salade, een overgehouden ei en fruit. Een enkele keer maakt ze iets warm in het oventje, zoals diepvriesvisschotels. Alleen bij uitzondering, bijvoorbeeld met Kerstmis, laat ze zich door het tehuis wel eens verleiden deel te nemen aan een gemeenschappelijke maaltijd. Mijn kinderen en wij komen één van de kerstdagen bij haar kaasfonduen.

In het begin loopt ze elke dag de lange gangen op en neer met haar rollator, om in beweging te blijven. Dan ontmoet ze ook haar buren en anderen. Een enkele keer wisselen ze een bezoek uit, maar meer dan beleefdheid is het voor Moek niet. Ze zoekt verder geen contact en is tevreden met zichzelf en de normale aanloop van het verzorgend personeel, familie en kennissen. Gedurende een jaar of twee neemt ze deel aan een uurtje stoelgymnastiek voor ouderen. Een vast ritueel is het wekelijkse bad op dinsdagochtend. Daar geniet ze erg van.

Hiermee is haar betrokkenheid bij het tehuis wel genoemd. Via het huis meldt zich nog wel een vrouw uit Ermelo, Lina, die aanbiedt eenmaal in de veertien dagen een middag bij haar langs te komen, voor gezelschap en een gesprek. Moek stelt dat op prijs, zeker als ook haar kinderen af en toe meekomen. Naar ons doet ze het voorkomen dat ze het vooral doet om Lina een plezier te doen, maar of dat helemaal klopt vraag ik me af.

Ze houdt de laatste jaren veel van praten en kan dat, van de hak op de tak springend, heel lang vol houden. Soms vraagt ze wel eens wat, maar dan luistert ze vaak nauwelijks naar het antwoord en gebruikt al snel een associatie om met een eigen verhaal aan te haken en verder te gaan. Het is me niet duidelijk waar dit vandaan komt. Misschien heeft het te maken met haar moeizame horen, misschien met haar kleiner wordende eigen wereld, waardoor de wereld van de ander steeds verder af komt te staan en a priori niet meer begrepen wil worden. Toch is ze niet wereldvreemd en probeert ze de hoofdlijnen van de politiek en onze levens wel te blijven volgen. Ze is zich van dit alles trouwens zelf best bewust, maar maakt er geen probleem van, net zo min als wij.

Hoewel Moek zich redelijk kan redden, speelt haar slechte zicht haar parten. Haar rechteroog is praktisch geheel blind, haar linkeroog heeft te lijden van maculadegeneratie. Daardoor heeft ze maar een beperkt blikveld waarmee ze scherp kan zien. En dat is de laatste tijd voor haar verhuizing nog minder geworden door staar. Al snel na haar komst in Ermelo wordt ze daaraan geholpen en dat scheelt veel. Ze leeft er enorm van op dat ze de gezichten van haar verzorgers kan zien. Belangrijker is nog dat ze weer wat kan lezen, al doet ze dat altijd met een handloep. Echt een boek lezen zit er al lang niet meer in. Reeds in Midlaren beluisterde Moek ingesproken boeken uit de blindenbibliotheek. Als de toezending stokt, wat soms gebeurt als de bestelde voorraad titels is afgewerkt, worden haar dagen lang. Als ik haar voorstel om dan via de administratie van het tehuis te profiteren van de uitgelezen boeken van andere bewoners, wimpelt ze dat meteen af met een stereotiep vooroordeel: 'Ze lezen hier alleen maar streekromans.' Als ik toch enige werken voor haar weet te bemachtigen, doet ze nauwelijks moeite de onbekende titels te beluisteren. Met al haar ruimdenkendheid en avontuurlijkheid stuit ik hier toch op een verbazend vast vooroordeel en gebrek aan nieuwsgierigheid.

Behalve haar ogen zijn haar oren niet al te best. Ze heeft een gehoorapparaat, maar doet dat weinig in. Het zit niet lekker en ze onderhoudt het slecht. Met de verzorgers heeft ze meestal geen probleem, maar mij verstaat ze in de regel vrij slecht en dan heeft ze het apparaat zeker nodig. Als ik kom, is de batterij vaak leeg of is het buisje verstopt met oorsmeer. Ze heeft er steeds meer moeite mee om meer dan één persoon tegelijk te volgen.

Haar gezondheid gaat ook langzaam achteruit. Wat haar al lange tijd de meeste last bezorgd is osteoporose (botontkalking), die regelmatig erg veel pijn veroorzaakt. Ze slikt dan paracetamol, dat maar ten dele helpt. Ze kan die pijn vermijden door stil op bed te gaan liggen, maar dan kan ze niet veel meer doen. Het beluisteren van boeken is dan lastig. Als ze pijn heeft tijdens een bezoek, probeert ze daarvan niets te laten merken. Dat lukt haar nauwelijks. Gelukkig zijn er ook regelmatig dagen dat de osteoporose haar met rust laat.

Verder heeft ze weinig energie en is ze vaak gewoon erg moe. Dat blijkt het gevolg van een chronische bloedarmoede, die weer het gevolg is van een niet meer voldoende werkende bijnier. De internist schrijft haar daarom wekelijkse epo-injecties voor, die die rol moeten overnemen.

Moek blijft, ondanks deze en nog andere toenemende aftakelingsverschijnselen, vrij opgewekt en op haar manier actief met lezen, planten en vogels verzorgen en soms een beetje tv kijken of luisteren. Ze slaapt wel meer en vooral vaker. Als ze naar een boek luistert, dommelt ze gemakkelijk in. 's Nachts slaapt ze minder goed en al vindt ze dat niet leuk, slaappillen neemt ze zelden of nooit. 'Dat haal ik de volgende nacht wel weer in,' is haar devies.

In 2006, twee jaar na haar verhuizing, begint er veel te veranderen om haar heen. De instelling waartoe haar tehuis Sonneheerdt behoort, fuseert met een grote instelling voor gehandicapten, Bartiméus. Tegelijk worden grote delen van het beboste terrein overgedragen aan de gemeente, die daar onder andere gewone woningen laat bouwen. Moek ziet grote stukken bos verdwijnen en huizen verschijnen. Dat vindt ze niet leuk, maar het tast haar directe levenssfeer nog niet echt aan. Dat ligt in de verte en die ziet ze minder goed.

Dan worden plotseling, in januari 2007, onaangekondigd een paar grote bomen op vier à vijf meter van haar terras gekapt. Nu komt het wel erg dichtbij. Het bevreemdt mij dat dit zo vlak voor het tehuis nodig is, maar ik doe nog niets. Dan, als ik 17 maart op bezoek ben, zie ik piketpaaltjes staan op één à twee meter van Moeks kamer. Ik geloof mijn ogen niet, want dit zou betekenen dat er op die afstand gebouwd zal gaan worden.

Ik ga op onderzoek uit. De manager van het huis, daarover bevraagd, weet van niets. Ik ga daarom naar de woningstichting, die verantwoordelijk blijkt voor het tehuis en voor de nieuwbouw. Daar wordt bevestigd dat er gebouwd zal gaan worden. De zes portacabins, waarvan Moek er een bewoont, hadden er allang niet meer horen te zijn, laten ze me weten, en Bartiméus zou daarvoor gezorgd moeten hebben. Later blijken ze zelfs al niet meer voor te komen op de situatietekening bij de vele maanden eerder verleende bouwvergunning. Niettemin blijkt Bartiméus twee van die wooneenheden pas twee maanden eerder aan nieuwe bewoners te hebben verhuurd. Eén van hen is zelfs al eerder gedwongen verhuisd uit een ander woongebouw, dat moest wijken voor de nieuwbouw. Ook blijken de bouwers zonder aankondiging een terras verwijderd te hebben, dat een van Moeks buren net op eigen kosten heeft laten aanleggen. Het tehuis had in het voorafgaande overleg de verzekering gegeven dat hij daar nog zeker vijf jaar plezier van zou kunnen hebben. Voor de woningstichting bestaan die zes wooneenheden echter al niet meer en de mensen die daar in wonen nog minder. Ik bel Bartiméus. Zij doen heel verrast en geschrokken en ontkennen hun verantwoordelijkheid.

De volgende dag stuur ik een brandbrief naar de woningstichting en informeer de andere bewoners van de portacabins. Dat leidt tot een vergadering op 4 april met de woningstichting, Bartiméus en vertegenwoordigers van de meeste bewoners. Beide instanties maken veel excuses en zeggen hun leven te zullen beteren. Niemand neemt de verantwoordelijkheid voor deze evidente miscommunicatie, onderling en naar de bewoners. Ondertussen komen ze met maar één optie: de bewoners zullen binnen een paar maanden hun kamers moeten verlaten en verhuizen naar zes nieuwe, identieke units, die op korte termijn worden geplaatst net buiten de bouwput. Ze zullen hoogstens één dag even elders moeten worden ondergebracht. Alles zal geregeld worden. Toegezegd wordt nog dat er airconditioning voor deze units komt, als een soort pleister op de wonde. Van het door ons gevraagde uitstel van de bouw kan geen sprake zijn. De enige concessie naar Moek toe is een rieten schutting met plantenbakken, om de bouwput op slechts enkele meters afstand van haar terras, af te schermen. Pogingen om de pers en de Inspectie voor de Gezondheidszorg voor deze grove nalatigheid te interesseren, mislukken helaas.

Om een lang verhaal kort te maken: de bouw gaat ondanks onze protesten gewoon door. Alle betrokken instanties vinden hun grootse plannen belangrijker dan de aandacht voor kwetsbare en afhankelijke ouderen die aan hun zorg zijn toevertrouwd. Die zijn letterlijk over het hoofd gezien. Hun belangen hebben op geen enkel moment enig gewicht in de schaal gelegd. Persoonlijk ben ik erg cynisch geworden van alle mooie woorden en excuses.

Bartiméus is voor mij een harde vloek geworden. De nieuwe units worden in augustus opgeleverd. Aanvankelijk kwam Bartiméus toch met een heel ander type unit, maar dat hebben we gelukkig tijdig kunnen rechtzetten. Uiteindelijk zal de verhuizing plaatsvinden op 4 oktober 2007. Als het zover is, gaat dat inderdaad efficiënt en snel, maar verschillende zaken komen toch pas een paar dagen later in orde. Moek houdt zich goed, maar het is duidelijk dat het haar veel onrust geeft. Ze blijft tot het laatste moment in haar kamer en wil de verhuizers voorzien van koffie. Dat hoeft niet, maar ze vindt duidelijk dat dit gedoe te veel buiten haar omgaat. Ze is moe van alle veranderingen en de gesprekken erover, die ze soms maar half kan volgen.

Moek komt nu aan de voorkant van het tehuis te zitten, waar meer verkeer langskomt. Er is daar wel een terrasje gemaakt, maar ze is haar tuintje kwijt en ook haar eekhoorn. De bakken en potten zijn natuurlijk wel meegekomen, maar het is daar allemaal anders, kaal en minder besloten. Ze past zich noodgedwongen aan, weet de berk voor haar terras en de twee tortelduiven daarin te waarderen, maar voelt zich er toch duidelijk minder op haar gemak. Ondertussen voelt ze zich vaker moe en gaat de osteoporose haar meer en meer plagen. Het gevoel niet meer verder te willen, zal in deze periode snel groeien.

DE LAATSTE TWEE WEKEN

Als de rechercheurs vragen naar de voorbereidingen, vertel ik dat ik de laatste twee weken voor haar overlijden veel bij Moek op bezoek ben geweest. Niet alleen om van alles voor te bereiden, maar ook om nog veel te bespreken, vragen te stellen nu het nog kan. Het grootste deel van onze gesprekken neem ik op, om geen tijd te hoeven verliezen met noteren en de conversatie ontspannen te houden. De rechercheurs willen die opnamen graag beluisteren en ik zeg hen toe dat ik ze die zal overhandigen.

Ze beluisteren later alles, ruim zestien uur aan opnames, en schrijven de gedeelten uit die ze relevant vinden. Die worden ook in het proces-verbaal opgenomen.

De opnamen begin ik in die twee laatste weken, als ik Moek bijna om de dag bezoek. Zo bespreken we de crematie en bekijken aan de hand van haar adressenboekje wie er allemaal geïnformeerd moeten worden:

'Een van de dingen die ik nog met je wil doen, is een adreslijst maken,' begin ik.

'Ja, dat is goed. Ik heb nog aan een paar namen gedacht. In mijn adresboekje staan mensen die al dood zijn. Het adres van Lina bijvoorbeeld, staat er niet in, dat staat in mijn schrift. Als je me het adressenboekje even geeft... Wat er met Martha's familie moet, weet je ook. Haar zussen en zo, bedoel ik.'

'Oké, ik loop het even door. Gerard natuurlijk. Zijn moeder, leeft die nog?'

'Nee, die is overleden.'

'Marian en Philip spreekt natuurlijk vanzelf. Mevrouw Bonder is er niet meer.'

'Ja, dat klopt.'

'Nu Antwerpen: Dat zijn Frans en Bert, Leeke, Elza. Moeten de kinderen van Frans nog een bericht hebben?'

'Nee, doe maar niet. Die wonen in Parijs en Zwitserland. Je kunt het altijd adresseren aan Frans en de kinderen.'

'Mieke?'

'Nee, die is dood.'

'Oh, dat wist ik niet.'

Zo levert dat allerlei gesprekken op over de mensen waarmee ze soms lang geen contact meer heeft gehad en dat geeft een indruk van hoe haar relatie met die personen was. Sommigen zijn al overleden, van anderen weet ze dat soms niet.

Ook bespreken we de muziek. Ze kijkt er wat dubbel tegenaan, wil er eigenlijk niet zo mee bezig zijn: 'Bepaal het zelf maar.' Dat kan natuurlijk, maar ik wil het toch graag met haar bespreken, en neem een aantal cd's mee met muziek waarvan ik weet dat die haar dierbaar is, zoals liederen van Schubert en de cellosuites van Bach, die mijn vader vroeger zelf veel zat te studeren. Ze neemt een paar dagen om te luisteren en kiest dan voor enkele liederen uit de cyclus 'Die Winterreise' van Schubert.

'Hoeveel tijd zou je daarvoor krijgen tijdens de uitvaart?'

'Meestal duurt het iets van een half uur of zo. Dus een paar minuten om binnen te komen, zeg vijf, en ook vijf minuten om weer te vertrekken. Ik noem maar wat, ik weet het ook niet precies hoor, maar dat is wat ik me ervan herinner.'

'En dan gaan zij wat vertellen, dat hoeft natuurlijk ook niet veel te zijn.'

'Ik kan me voorstellen dat ik bijvoorbeeld bij het binnenkomen en het weggaan iets van Casals laat horen. Dan kan ik iets zeggen en dan misschien nog iemand iets en dan kan ik wat nummers van 'Die Winterreise' laten horen.'

'In ieder geval maak ik een lijstje van de nummers.'

'Ja, heb je ze al allemaal beluisterd?'

'Ja, al tweemaal.'

'Heb je het lijstje al rond?'

'Nou ja, ik moet aan jou vragen wat we moeten kiezen.'

'Je kunt een lijst maken in volgorde van belangrijkheid. Dan kies je eerst de bovenste en dan de volgende, enzovoort. Dus als je een volgorde aangeeft, dan kunnen wij kiezen: er is tijd voor zoveel. Er staat op hoe lang de liederen duren, dus dan kunnen we gewoon kiezen. Er is bijvoorbeeld tijd voor drie liederen.'

'Dan kun je met die man afspreken: in die volgorde.'

'Of ik kan ze op een speciale cd zetten, dan hoeven we die alleen maar af te spelen. Zo kan het heel goed. Dan hebben we die vragen beantwoord. Ik vind het wel fijn dat we dat zo hebben kunnen afronden. [...] Op de kaart komt dus het gedicht van Rilke, *Der Tod ist groß.*'

Ik besef dat deze dagen de laatste mogelijkheid bieden om nog vragen te stellen. Ik neem allerlei zaken mee om die met haar te bespreken: wie zijn die mensen op de foto, waar en wanneer was dat, van wie kreeg je dit, hoe kom je daaraan? Sommige vragen had ik al lang willen stellen, andere betroffen zaken die ik ooit wel wist, maar niet onthouden had. Verder stel ik haar veel vragen over haar familie en kennissen. Ze is immers de laatste die daar nog iets over kan vertellen. Eerder was het daar vaak niet van gekomen.

Zo heb ik meer zicht gekregen op haar grootouders van beide kanten. Haar moeder kwam uit een gegoede boerenfamilie uit Axel, Zeeuws-Vlaanderen. Haar grootvader van vaderskant was de zoon van een rijke Groninger uit de stad, die trouwde met een meisje Coster uit een bemiddelde Almeloose familie. Die weinig ondernemende grootvader kreeg van diens vader een stuk te ontginnen veengrond bij Stadskanaal, maar deed weinig, leefde op te grote voet en ging zo failliet. Het gezin werd opgesplitst en beide echtelieden gingen weer bij hun ouders wonen, elk met twee kinderen. Volgens een andere versie vertrok haar grootvader met de noorderzon naar Amerika onder medeneming van al zijn geld. Haar vader Van der Borgh, die de jongste van de vier was, is zodoende onder zeer armoedige omstandigheden opgegroeid. Zijn oom Coster was een in hetzelfde huis wonende kunstschilder, van wie Moek vele schetsboeken en enkele kleine schilderijen heeft geërfd. Het Stadsmuseum Almelo schijnt ook werk van hem in bezit te hebben.

Alle gesprekken die Moek en ik in die twee weken hebben, zijn voor mij, meer dan ik te voren kan bevroeden, van een buitengewoon grote betekenis. Ze brengen ons nóg dichter bij elkaar. Dat wil overigens niet zeggen dat er sprake is van grote of verrassende ontboezemingen. Over haar motivatie om haar baan en Eindhoven vaarwel te zeggen is ze bijvoorbeeld niet openhartiger. Dat raadsel heeft ze niet willen oplossen.

In die weken bij Moek ontdek ik toevallig dat mijn nieuwe digitale fototoestel ook in staat is om filmpjes te maken. Dat overkwam me ongewild. Ik besluit daarom de handelingen van Moek, waarin ze de pillen tot zich neemt, te filmen als een bewijs dat ze dat inderdaad zelf doet, voor als daar achteraf problemen over zouden ontstaan.

De laatste week is Moek voor zichzelf voortdurend bezig afscheid te nemen van mensen, zonder dat ze hen dat kan vertellen. Dat geldt bijvoorbeeld voor Lina, die haar regelmatig gezelschap komt houden. Ze maakt zoals gebruikelijk een nieuwe afspraak voor 9 juni, hoewel ze verwacht dat ze er dan niet meer zal zijn. Dat vindt ze vooral in dit geval wel naar, maar het kan niet anders. Ook als de wekelijkse groenteboer langskomt en ze voor het laatst in bad gaat, memoreert ze voor zichzelf dat dit de laatste keer zal zijn. Op een bepaalde manier lijkt ze zich daarover te verkneukelen, al zie ik ook duidelijk dat het haar raakt. Hoewel dat haar uitdrukkelijke wens is, vindt ze het toch moeilijk te moeten doen alsof alles voort zal gaan als gebruikelijk en dus ook dat ze van geen van deze mensen werkelijk afscheid zal kunnen nemen. Ten aanzien van haar verzorgers geldt dat zeker niet minder.

Dinsdag 3 juni komen Minne met haar man en dochter afscheid nemen. Ik ben daar niet bij. Wat ik dan al wel weet, is dat ze Moek gaan vertellen dat ze hun aanstaande dochter naar haar zullen vernoemen. Moek is daar heel verguld mee.

Op vrijdagmiddag 6 juni is het de beurt aan mijn jongste dochter Aafke en haar man Lars. Die ochtend belt Moek haar nog op om te vragen géén bloemen mee te brengen. Minne en Martha hebben eerder die week al bloemen meegebracht en ze wil niet de aandacht trekken van de verzorgers. 'Straks denken ze nog dat ik jarig ben.' Aafke neemt dan aardbeien van marsepein mee. Moek zelf heeft voor deze speciale gelegenheid aardbeien bij de groentenboer gekocht.

Moek is die dag niet in goeden doen. Ze heeft veel last van haar osteoporose, maar probeert niet te laten blijken hoeveel pijn ze daarvan heeft. Ze zit buiten op het terras en is dus zichtbaar en hoorbaar voor de buitenwereld. Aafke probeert manmoedig een ongedwongen gesprek te voeren, alsof het een normaal bezoek betreft. Ook Moek poogt dat, al gaat haar dat door de pijn wat minder goed af. Ze vraagt Aafke de dode bloemen uit de geraniums op het terras te verwijderen. Alles moet er zo normaal en verzorgd mogelijk uitzien. Ze geeft Aafke nog wat familiesieraden, zoals ze eerder ook bij Minne heeft gedaan.

Als het moment van vertrek voor hen gekomen is, nemen ze afscheid met een kus en de eenvoudige woorden 'goede reis'. Wat een definitief afscheid is, mag immers niet zo lijken, want Moek zit buiten en niemand mag argwaan krijgen. Dat moeten inslikken van haar emotie zit Aafke erg dwars. Van tevoren hebben we niet aan die beperkende situatie gedacht. De normaal zo praatgrage Moek houdt op emotionele momenten nooit van veel woorden. Ook nu maakt ze het kort en wenst hen samen een mooi leven toe. Aafke houdt zich goed en zegt haar welterusten, maar na haar vertrek knijpt ze Lars' hand fijn om haar verdriet de baas te blijven.

Ik ben er die middag ook om Moek eraan te herinneren dat ze haar eerste antibraakpil inneemt. Daarmee moet 24 uur van tevoren worden begonnen, waarna dit elke zes uur herhaald moet worden. Een paar dagen eerder hebben we één pil geprobeerd, om te zien of ze er goed op reageert: er waren geen bijverschijnselen.

We praten wat en nemen de volgende dag nog even door. Moek zal er zelf zorg voor dragen dat ze rond middernacht de tweede pil neemt. Ze is vol goede moed. Eerdere twijfels of het wel goed zal gaan, heeft ze nu niet meer. De pijn is gezakt en ze is erg monter. Het gaat nu echt gebeuren. Om de nachtrust niet te veel te bekorten, is de derde pil voorzien om acht uur.

Ik voel een zekere spanning in me toenemen, maar de regelende en verantwoordelijke ratio heeft toch de overhand. Ik moet niets over het hoofd zien.

DE DAG DER DAGEN

De rechercheur wil het naadje van de kous weten over hoe het hele proces van de levensbeëindiging de laatste dag is gegaan. Hij laat me dat rustig vertellen.

In de loop van zaterdagochtend 7 juni kom ik bij Moek terug, na in Ede bij mijn partner Lida te hebben overnacht. De derde antibraakpil heeft Moek dan al volgens plan ingenomen. Ik neem ook de meeste andere benodigdheden mee. De yoghurt koop ik later die ochtend nog ter plekke in het dorp.

We zetten onze gesprekken voort en ik laat haar alle pillen zien. Dan, in de loop van de ochtend, belt Minne: gisteravond zijn de vliezen bij haar gebroken. De bevalling is dus aanstaande. Bij Denise, haar eerste kind, duurde dat daarna nog ruim twee dagen, dat zou nu ook wel eens het geval kunnen zijn. Moek spreekt ook met haar en wenst haar sterkte. Als ze heeft opgehangen, is ze daar verder niet veel meer mee bezig, merk ik. Voor mij is dat wel anders, maar ook ik word weer door andere zaken in beslag genomen.

Tussen de middag, als Moek haar eten krijgt, ga ik weer naar Ede en ik kom rond vier uur 's middags weer terug. Tijd voor de vierde antibraakpil.

We komen dan onder meer te spreken over Lida en haar hobby: beeldhouwen. Ik realiseer me dat ik, hoewel dat wel de bedoeling was, nooit foto's van haar beeldhouwwerken heb laten zien. Met Moeks belangstelling voor kunst betreur ik dat en ik beloof haar 's avonds nog foto's van Lida's beelden te laten zien. Het is ook een beetje mijn trots.

Hoewel het mijn bedoeling was tot en met de avond te blijven, merk ik dat deze laatste uren iets geforceerds krijgen. Ik voel me er wat opgelaten bij. Moek mag na de lunch niet meer eten en ik besluit om zes uur daarom toch maar naar huis te gaan om zelf iets te eten. Dan kan ik ook die foto's nog meenemen om te laten zien.

We spreken af dat ik om half negen weer terug ben. Moek zal in de tussentijd de verzorging vragen om vroeg langs te komen om de gordijnen te sluiten en haar de normale avondportie medicijnen en oogdruppels te geven, om haar daarna met rust te kunnen laten. 'Ik wil vroeg naar bed.' Ze heeft sowieso al lang de staande afspraak met de nachtzuster dat die haar 's nachts niet bezoekt, tenzij Moek daar zelf om vraagt. Ze slaapt namelijk licht en is snel wakker van zo'n rondebezoek. Ze slaapt dan niet gemakkelijk meer in.

Als ik om half negen weer bij haar binnenkom, zit ze bij gedempt licht met haar nachtpon al aan in haar grote 'sta-op-stoel' te wachten, het bed opengeslagen en klaar om erin te stappen. Ik ben enigszins verrast, maar ze is er kennelijk klaar voor. Ze heeft om acht uur haar laatste antibraakpil ingenomen.

Ik begin met haar de foto's te laten zien van een aantal van Lida's beeldhouwwerken.

'[...] Ik vind het prachtig hoor.'

'Mooi hè. Ja, dat vind ik ook.'

'Ik had geen idee van wat ze gemaakt had.'

'Ja, dit zijn wat oudere werken, ze heeft nog wel meer, maar die heb ik nu niet bij me.'

'Ze heeft er niet mee opgeschept.'

'Nee hè, nee.'

Ze bekijkt de foto's met aandacht en het doet me goed te horen en te merken dat ze onder de indruk is. Later realiseer ik me eigenlijk pas hoe bijzonder het is dat ze zo op de valreep nog deze belangstelling kan opbrengen. Dat zijn toch wonderlijke dingen. Sommige artsen blijken snel de neiging te hebben zoiets op te vatten als een teken dat men nog midden in het leven staat en eigenlijk nog niet aan de dood toe is. Moek logenstraft die opvatting vrijwel meteen in de minuten die volgen.

Ik heb me voorgenomen om nu, op het 'moment suprême', voor alle zekerheid nog eens duidelijk te vragen of ze weet wat er nu gaat gebeuren en of ze dat ook nog steeds wil.

'Moek, ik wil nog even voor alle duidelijkheid...'

'Ik zal iets citeren wat heel toepasselijk is... De beul moet opschieten: *"Ich bin, sprach jener, zu sterben bereit... Und bitte nicht um mein Leben."* Dat is uit de *Drei...* eh, nou ja.'

'Niet uit de *Dreigroschenoper*, toch?'

'Nee, maar... een afspraak van drie mensen. *"Ich bin, sprach jener, zu sterben bereit, ich bitte nicht um mein Leben. Doch wilst du Gnade mir geben."* Dan zegt... Ik heb wel eens verteld: mijn vriend zal in mijn plaats komen en dan is de Henker zo geroerd dat hij hem het leven schenkt en hij wil *der Dritte im Bunde* zijn. Dat, zo is het. De man waar het om gaat zei: *"Ich bin, sprach jener, zu sterben bereit."'*

'Nou ja, dat is dus inderdaad wat ik eigenlijk van je wou horen. Ik zal nu dadelijk beginnen met het klaarmaken van alle pillen en ik wil dus even van jou weten, nog eventjes voor alle duidelijkheid, dat je wil dat ik je daarbij assisteer hè, om die pillen klaar te maken en dat dus dan...'

'Ik ben toch klaargemaakt?'

'Ja, dat is zo, maar ik wil gewoon even duidelijk hebben dat je nu weet wat er gaat gebeuren en dat je zegt: ja, ik wil dat.'

'Ik heb toch gezegd dat ik ernaar uitkeek?'

'Ja, ja.'

'Ik ben er dus altijd onmiddellijk toe bereid. Vind je mijn nachtpon mooi genoeg?'

'Ja hoor.'

De frase ken ik wel. Hij is in de afgelopen dagen al eens ter sprake geweest en ik weet daardoor dat het uit een ballade van Schiller komt, volgens haar getiteld 'Der Dritte im Bunde'. Later kom ik erachter dat dit niet de echte titel is, maar dat dit 'Die Bürgschaft' is. Gelukkig heb ik de voicerecorder al aan staan als ze dit zegt en kan ik het later terugluisteren. Het is zo'n apart moment en het zegt zoveel over hoe ze ermee bezig is: in alle rust en volle overtuiging. Het is me dierbaar dat ook terug te kunnen luisteren.

Even later zegt ze: 'Oh, Albert, leg je een theedoek naast je spullen neer. Er zal niemand binnenkomen, maar áls er iemand binnenkomt, dan kan je de theedoek eroverheen leggen. Maar er komt eigenlijk nooit iemand binnen 's avonds, maar je moet natuurlijk extra voorzichtig zijn.'

'Ja, dat is goed.'

'Nee, ze zijn blij als ze van me af zijn, dan is er weer een afgewerkt. Heb jij nog iets van een zangkoor gemerkt vanmiddag?'

'Ze zijn blij als ze van me af zijn.' Daar ga ik niet op in. Ik weet, net als Moek dat trouwens ongetwijfeld zelf ook weet, dat ze als mens erg wordt gewaardeerd. Ze is een makkelijke, tevreden bewoonster. En het is immers de essentie van allen in dit huis: het wachten op hun moment van overlijden. Ik vat het daarom op als een omkering van haar eigen gevoel: ze is blij dat zij er straks vanaf is. Niet van het huis, dat haar goed bevalt, niet van ons, maar gewoon van het leven, dat haar steeds minder weet te boeien en steeds meer inspanning vraagt. De balans is zoek, ze voelt de greep verslappen op het laatste beetje eigenheid en eigenwaarde dat ze nog heeft. Het is mooi geweest en genoeg.

Daarna ga ik over tot het klaarmaken van het yoghurtpapje. Ik laat haar eerst nog eens de pillen zien en stamp de eerste lichting van 45 slaappillen Oxazepam fijn om ze beter met de yoghurt te kunnen mengen en het innemen te vergemakkelijken. De 80 van een beschermlaagje voorziene Nivaquine tabletten moeten heel blijven om de bittere smaak te verhullen, maar gaan ook tegelijk de yoghurt in.

Ik heb bij dit alles rubberen handschoenen aangedaan, zoals me door sommigen was aangeraden om mijn rol te verdoezelen, al heb ik niet het gevoel dat dat werkelijk ergens toe dient. Mijn vingerafdrukken zijn natuurlijk sowieso al overal in het huis te vinden.

Dan meng ik alles met de yoghurt en geef ik dat aan haar.

'Goed, nou dan doe ik hier even wat yoghurt bij... Nou, dit is het, Moek. Ik wil even afscheid van je nemen, ik bedoel, ik weet niet hoe snel je weg bent.'

We zoenen elkaar.

'Albert, bedankt voor alles hoor, niet alleen voor nu, maar voor alles van jou, van je kind zijn af.'

'Nou, ik ben jou ook heel dankbaar hoor Moek, want ik weet dat ik veel van jou, aan je te danken heb gehad, en dat is...'

'En nou niet sentimenteel worden.'

'Nee, dat hoeft niet. Maar ik vind dat... maar ik wil dat toch wel even zeggen. We hebben elkaar niet altijd goed begrepen. Ik vind je moedig zoals je dit nu doet. Het hoort ook bij je. Het is ook iets van jou...'

'Nou, dan ga ik maar pap eten.'

Terwijl ik op film vastleg dat ze dit geheel zelf en uit vrije wil doet, praat ze tussen de happen door verder.

'Nu had ik een hapje zonder pillen. [...] Het zijn vriendelijke pilletjes. [...] En moet dat andere direct daarna? [...] Ik heb een paar dagen de angst gehad, dat het zou mislukken, maar dat heb ik nu niet... Ik dacht: stel je voor dat ik spugende wakker word. [...] Uit mijn mooie Wedgwood bakje. [...] Kijk even of het echt leeg is. [...] Het is niet naar hoor!'

Ik film het grootste deel van het eten van de yoghurt, tot het op is. Ik reageer wel op wat ze zegt, maar probeer kort te blijven, ook vanwege de geluidsopname van de film. Daarna zal Moek op bed gaan liggen, is de afspraak, om de andere, snel werkende slaappillen tot zich te nemen.

'Nou Moek, nu is het goed als je in je bed gaat liggen.'

'En mag ik nou een slokje Martini nemen?'

'Ja, dat mag. Het is goed dat je nu eerst in je bed gaat liggen.'

We nemen nog een keer afscheid van elkaar met een stevige omhelzing, al moet ik dat in een onhandige pose, voorovergebogen doen omdat ze nog in haar stoel zit. Het moet kort van haar. Geen tranen, niet te veel vertoon van emoties. Ik weet dat ze die wel heeft, maar ze kon er nooit mee uit de voeten en dus ook nu niet. Zo is het altijd geweest. Voor mij geldt eigenlijk hetzelfde. Ik heb wel behoefte aan een uitvoeriger afscheid, maar weet niet goed hoe. Ik heb er ook weinig ruimte voor. Het proces heeft voorrang. Moek maakt er korte metten mee.

'Nu moet ik naar bed.'

'Nu moet je naar bed. Eerst nog wat drinken, zei Likkepot. Naar bed, naar bed zei Duimelot, eerst nog wat eten, zei Likkepot...'

'Ooh zeg! Wat ik laatst opgeschreven heb! Wat ik niet afgemaakt heb, later verscheurd heb, dat was van de professor... die at betonnen pap...'

'En dat deed hij niet voor de honger, maar voor de wetenschap. Zijn vrouw stond luid te wenen en zei bij iedere hap: Och

Hendrik, neem dan toch tenminste, een beetje bessensap.' [4]

'Die laatste regel, die wist ik niet meer.'

We hebben veel plezier samen over dit versje, dat vroeger, toen Nol en El nog thuis waren, nogal eens geciteerd werd om mijn vader, de professor, te plagen. Ik ben verrast dat ze daar nu nog mee komt. Zo ontspannen is ze dus, zelfs op dit moment.

Daarna help ik Moek haar bed in, waar ze met een groot kussen halfzittend kan liggen zodat ze nog redelijk gemakkelijk de laatste pillen kan innemen.

'Laat de deur maar open, voor als ik vannacht moet plassen.'

'Dit zijn dan de andere slaappillen. Ja, dat zijn er wel veel.'

Dan begint ze aan de 36 snelwerkende slaappillen Temazepam, in feite een soort doorzichtige, zachte, ovale capsules, bijna zo groot als een knikker. Dat hadden er volgens het boekje veertig moeten zijn. Die heb ik echter niet allemaal kunnen krijgen; ik ben er vanuit gegaan dat vier minder het verschil niet zal maken. Moek prijst zich gelukkig dat ze zo goed pillen kan slikken. Ook dit film ik.

Het gaat niet snel. Ze drinkt een paar keer wat Martini, haar lijfdrank, om het wegspoelen wat te vergemakkelijken, maar het gaat wel steeds trager en op een gegeven moment, driekwart van de pillen zijn dan binnen, verslikt ze zich. Ik stop met filmen en help haar wat rechter op te gaan zitten door haar benen opzij van het bed te brengen, en klop haar op de rug. Gelukkig gaat het vrij snel over en houdt ze alles binnen, want dat is natuurlijk de grote schrik en het risico ervan.

Ze gaat weer liggen, slikt de laatste capsules door en geeft nog wat commentaar.

4 Kinderversje van Daan Zonderland. Volledig: 'Er was er eens een professor / Die at betonnen pap. / Dat deed hij niet uit honger, / Maar voor de wetenschap. Zijn vrouw stond luid te huilen / En riep bij iedre hap: / "Ach, Hendrik, neem tenminste / Een beetje bessensap."'

'Dat gaat iets minder vlot. Raar dat ik er later niets van navertellen kan.'

'Je hebt er nog drie.'

'Het gaat nu niet meer zo snel... Er blijft er één in mijn keel steken.'

Zo maak ik het laatste stukje film.

Al bij de laatste paar capsules zie ik haar snel slaperig worden. Als de laatste is ingeslikt, omhels en kus ik haar nog een keer en wens haar een goede reis. Ze zegt nog wel wat, maar is al half in slaap en ik versta het niet meer. Ik ben verrast door het tempo waarin dit middel werkt en Moek wegzakt. Het gaat me nu eigenlijk te snel, want door het filmen en zorgen dat alles goed gaat, ben ik feitelijk te veel afgeleid van het proces zelf dat zich voltrekt. Toch ben ik ook blij dat het allemaal zo gladjes verloopt, op dat angstige verslikmoment na. Maar ook dat is goed afgelopen. Het is nu ongeveer half tien.

Als Moek slaapt, dek ik haar toe, doe mijn rubberhandschoenen uit, ga naast haar zitten en kijk hoe ze ademt. Ze ligt volkomen rustig en zo zal ze ook blijven liggen. Na een kwartier sta ik op, was het bakje en de kopjes af, stop het pak overgebleven yoghurt en de foto's van Lida's beelden in mijn tas en ga weer naast haar zitten. Ik luister naar de klok, een dierbare Friese stoeltjesklok, die ze ooit samen met mijn vader kocht toen ze in Midlaren gingen wonen. Die is afgedekt met een traditioneel geknipt papieren 'kleedje' met aan elke kant drie hangende kokertjes, ook van knipwerk. De typische versiering van arme Drentse boeren, volkskunst waar mijn ouders en zeker Moek een zwak voor hadden en die alleen nog door een enkeling in ere wordt gehouden. Ik zit wat te mediteren en overdenk wat er de afgelopen uren en dagen allemaal gebeurd is. Moek ademt rustig door. Ook ik ben rustig.

Om elf uur – er is verder niets in de situatie veranderd – besluit ik volgens plan te vertrekken. Langer blijven is moeilijk uit te leggen en het moet voor het huis toch op een normaal bezoek lijken. Toch valt het me niet gemakkelijk haar in deze omstandigheden alleen te laten, maar nu ze daar zo rustig en vredig ligt, voelt het toch minder zwaar.

Ik heb de sleutel van kamer en voordeur, dus ik kan er elk moment in en uit. Ik ben zelden zo laat vertrokken, maar een probleem zal dat niet zijn. Als regel kom ik op zo'n moment ook niemand tegen. Eerder kwam ik eenmaal een verdwaalde en wat verwarde bewoonster tegen, die door de gang zwierf en zocht naar de nachtzuster. Ik wist niet waar die te vinden was, maar toen ik haar weer naar haar kamer bracht en in bed hielp was dat ook goed.

Nu zie ik ook niemand als ik door de lange gang loop, tot ik langs de 'creatieve kamer' kom. Daar brandt licht en ik zie twee vrouwen aan tafel zitten praten, het gezicht naar de gangdeur. Ik schrik een beetje van deze onverwachte situatie, maar besef dat, al is mijn vertrek wat ongebruikelijk laat, er feitelijk niets bijzonders aan de hand is.

Als ik bij de voordeur ben, komt een van de vrouwen mij achterop. Ik ken haar niet, hoewel ik de meeste verzorgenden zo langzamerhand wel heb ontmoet. Ze vraagt wie ik ben en ik stel me voor. Als ze mijn naam hoort is het in orde, al lijkt ze me toch nog wat bevreemd aan te kijken. Of verbeeld ik me dat maar? Volgens haar moet zij de deur voor mij openen – wat ze dan ook doet – omdat die op een soort nachtslot zou gaan. Ik had daarvan nog nooit iets gemerkt of gehoord, maar laat haar de deur openen. Ik was nog niet toegekomen zelf mijn sleutel te gebruiken en weet dus ook niet of dat zou zijn gelukt. Deze onvoorziene ontmoeting geeft me niet echt een lekker gevoel, maar zorgen maak ik me nou ook weer niet.

Thuisgekomen bij Lida doe ik haar verslag van de avond. Bij een glas wijn vertel ik dat Moek vol lof was over haar beelden en dat ik het gevoel had dat zij in haar achting, die toch al goed leek, nog verder gestegen was. En iets van dat gevoel straalt ook weer op mijzelf af, ervaar ik. Wonderlijk hoe dat werkt.

Tegen half een gaan we naar bed. Gewoontegetrouw ben ik al snel verzonken in een diepe slaap.

Plotseling gaat de telefoon. Het moet dan een uur of zes zijn. Ik schrik wakker, niet goed wetend waar ik ben of wat er aan de hand is. Als ik uiteindelijk opneem, hoor ik de nachtzuster van Bartiméus zeggen: 'U weet zeker wel waarom ik bel.'

Ik schrik van deze zin. Het klinkt als of ze me betrapt heeft, maar ik ben te slaapdronken om inhoudelijk te reageren.

Ze vertelt dan dat Moek is overleden. Ze was die nacht twee keer bij haar gaan kijken.

Waarom, vraag ik me in gedachten af. Dat was toch tegen de afspraken in die Moek met haar had gemaakt!

Om drie uur lag ze in een diepe slaap, in de houding waarin ze altijd sliep, laat ze weten. Rond vijf uur kwam ze nog eens langs en constateerde toen dat Moek was overleden. Hoe en waarom, vertelt ze er niet bij.

In de verwarring reageer ik kort en zakelijk: 'Bel de arts; ik kom direct.'

Als ik de hoorn neerleg, barst ik uit in een langdurige huilbui. Het is gelukt en goed gegaan! De spanning is er af en nu komt de ontlading. Tegelijk dringt het besef tot me door wat het betekent dat Moek nu dood is, onomkeerbaar weg. Lida laat me rustig uithuilen. Blijkbaar kan zoiets pas echt doordringen als het werkelijk zover is, al bereid je je er nog zo intensief op voor.

We kleden ons aan en ontbijten. We nemen er de tijd voor. Er gaat zoveel door ons heen en haast is er niet.

Rond half negen, geloof ik, komen we in Ermelo aan. Ik weet nauwelijks meer hoe we daar zijn ontvangen, maar natuurlijk wel met veel condoleances. De dienstdoende arts van de huisartsenpost blijkt dan al langs geweest te zijn en hij heeft een verklaring achtergelaten van een natuurlijke dood. Ik ben aangenaam verrast. Ik had er geen rekening mee gehouden dat het op deze zondagochtend niet de eigen huisarts zou zijn. Kennelijk heeft niemand moeite met deze onverwachte gebeurtenis. Er worden geen vragen gesteld.

Als we de kamer binnengaan, waar de gordijnen nog gesloten zijn, zien we Moek zoals ik haar heb achtergelaten de vorige avond. Het is vreemd en tegelijk mooi haar zo te zien liggen. Heel onwezenlijk ook. Sterven blijft een ondoorgrondelijk fenomeen. We lopen wat verdwaasd rond, nog niet goed wetend wat te doen. Het is zo'n dubbel gevoel: het verdriet om haar vertrek en de tevredenheid dat haar innige wens zo vrijwel vlekkeloos is vervuld.

We bellen wat mensen om ze te informeren. Eerst Leon, die ons op zijn beurt vertelt dat Minne net van Yvette Marie is bevallen en dat alles goed gaat. Daarmee worden de gevoelens wel heel complex: de vreugde over dit nieuwe leven en het verdriet om Moek, wat dat aan de andere kant eigenlijk ook weer niet is. Ik heb niets met zielsverhuizing, maar deze coïncidentie voelt niettemin heel bijzonder. Daarna bel ik Aafke en vertel haar over beide gebeurtenissen.

Later die ochtend komt tenslotte de uitvaartverzorger, na enige verwarring over welke vestiging daar verantwoordelijk voor zou zijn. Moek blijft op haar kamer, in elk geval tot en met woensdagavond: dan zal er hier een afscheidsavond zijn. Het is die dagen erg warm, dus wordt er een installatie geplaatst om de kamer te koelen. De door Bartiméus toegezegde airconditioning is er nog altijd niet en die missen we nu zeer.

Op de kaart komt een afbeelding van een eekhoorn, die ze in haar nieuwe kamer zo miste, een toepasselijk gedicht van Rilke – een van haar dierbare dichters – en de zin, waarmee we subtiel willen aangeven dat dit haar wens was:

Zij was dankbaar voor haar leven en alle zorg
en aandacht die zij daarin van velen ontving,
maar ook blij dat nu eindelijk te mogen loslaten.

's Middags brengen we een bezoek aan het ziekenhuis in Nieuwegein om de nieuwe kleindochter te aanschouwen. We hebben met de uitvaartonderneming kunnen regelen dat de crematie pas over acht dagen zal plaatsvinden, zodat Minne voldoende kan herstellen om erbij te zijn.

De woensdagavond komen een aantal goede kennissen, vroegere buren en familie afscheid nemen op haar kamer. Het is een vrij kort, sfeervol samenzijn. De volgende dag zal Moek naar het uitvaartcentrum worden overgebracht. De koeler kan het niet aan en het blijft te warm in de kamer.

Als acht dagen na het overlijden de crematieplechtigheid plaatsvindt, in het sfeervolle crematorium in Bilthoven, zijn er veel bloemen en zo'n dertig tot veertig belangstellenden: familie, vrienden, oude buren, vertegenwoordigers van het tehuis. Velen kennen de achtergrond van het overlijden, maar niet iedereen en het komt dus verder niet aan de orde. Ik geef een presentatie over Moek en vertel iets over de verschillende kanten van haar leven, geïllustreerd met foto's. Minne en Aafke vertellen samen iets van hun ervaringen met Moek en presenteren een keur van haar uitspraken, die deels nog voortkomen uit het repertoire van haar Zeeuwse moeder en veelal ontleend zijn aan het repertoire van Tijl Uilenspiegel.

Die middag en de volgende dagen zullen we wijden aan het vrij maken van de kamer, zodat die weer beschikbaar komt voor een volgende bewoner. Terwijl we daarmee bezig zijn, wordt de beloofde airconditioning aangelegd: mosterd na de maaltijd.

Een jaar later krijg ik, zoals gebruikelijk is, bericht van de uitvaartorganisatie dat de as kan worden opgehaald. Moek had aangegeven dat die verstrooid moest worden, zonder aan te geven waar. Met Minne en Aafke kom ik overeen dat samen te doen onder de door haar in Midlaren geplante Liriodendron (Tulpenboom), waar ze zo verknocht aan was en waarop ik nu uitkijk sinds ik vier jaar geleden in haar huis ben getrokken. Toen ze die boom plantte, had de tuinman gezegd: 'Die zult u niet meer zien bloeien' omdat daar zoveel tijd overheen gaat. Dat was ook niet het geval voor zij naar Ermelo vertrok, zo'n vijftien jaar later, maar al in het tweede jaar dat ik daar woonde was het wel zover en kon ik een bloem voor haar meenemen. Dat was voor haar een soort overwinning. Zou ze daarop hebben gewacht?

EEN VOLTOOID LEVEN

De rechercheur vraagt naar de uitzending van 'De laatste wens van Moek' in het programma Netwerk. Hij wil onder andere weten wat het doel van de opnamen was en wat daarmee verder is gebeurd. Hij vraagt me ook wanneer en door wie is besloten die film te maken en de door mij gemaakte beelden daarvoor te gebruiken. Dat is natuurlijk een heel verhaal, dat ik hem uitvoerig probeer uit te leggen.

Na het overlijden van Moek breekt de onvermijdelijke rouwperiode aan, waarin wij er allen aan moeten wennen dat ze er niet meer is, dat ze geen aandacht meer nodig heeft, dat Ermelo voortaan voorbij gereden zal worden. Er is daarnaast natuurlijk ook de tevredenheid, dat het allemaal goed ging, dat Moeks wens zonder enig probleem in vervulling is gegaan. Er zijn gelukkig genoeg mensen om ons heen die dat weten, zodat het gevoel met een 'groot geheim' rond te lopen wel meevalt, al is het natuurlijk wel aanwezig. Persoonlijk blijft Moek mij nog op verschillende manieren lang bezighouden: de naweeën van de crematie, de bedankbrieven, de afhandeling van haar financiën, lidmaatschappen, abonnementen en dergelijke. Als executeur testamentair ben ik met hulp van de notaris ook belast met het afhandelen van de vele codicillen en legaten. Verder probeer ik een goede bestemming te vinden voor een aantal specifieke bezittingen: de eerste jaargangen van het *Tijdschrift voor Arbeidstherapie*, waarvan ze de hoofdredacteur was, en de fotoalbums uit de tijd dat ze op de kleuterschool werkzaam was en die uit de periode bij de familie van Gogh.

Dan lees ik eind 2008 in *Relevant*, het kwartaalblad van de NVVE, dat er plannen zijn om met een film aandacht te vragen voor de problematiek van ouderen met een 'voltooid leven'. Eerder was met twee films de problematiek van psychiatrische patiënten en van dementerenden geïllustreerd: 'Mag ik dood' van Eveline van Dijck en 'Voor ik het vergeet' van Nan Rosens. Nu wil men op dezelfde manier het voltooid leven op de agenda zetten.

Ik ben al sinds maart 1994 lid van de NVVE en in het bezit van een euthanasieverklaring. Moek heeft dat pas een jaar later gedaan, nadat ik daar met haar over sprak. Ik volg de ontwikkelingen bij de NVVE steeds met interesse en ben ook aanwezig bij ledenvergaderingen.

Het doet me goed dat het voltooide leven nu gerichte aandacht gaat krijgen en ik denk daarbij natuurlijk meteen aan Moek. Met haar leeftijd van 99 jaar en haar niettemin volstrekte helderheid en zelfbewustheid, is ze daarvan welhaast een schoolvoorbeeld.

Dan begin ik me af te vragen of zij ook niet echt het onderwerp van die film zou kunnen zijn. Er zijn de primitieve filmpjes die ik van haar maakte toen ze haar pillen at. Aan de andere kant heb ik verder niet veel meer dan foto's over haar leven te bieden en dat is wel mager vergeleken bij het materiaal waaruit geput kon worden bij 'Voordat ik het vergeet'. Die film, die ik trouwens pas na het overlijden van Moek zag, maakte grote indruk op mij. Niet het minst overigens vanwege de problemen die zich op het laatste moment nog voordeden en die mij deden beseffen, dat ik misschien toch wel door het oog van de naald was gekropen. Ik had die film niet vóór Moeks overlijden moeten zien.

Hoe langer ik erover nadenk, hoe enthousiaster ik word en ik besluit Joop, de NVVE-consulent te bellen, om het idee voor te leggen. Kort daarna, op 16 december 2008, ga ik bij hem langs om hem mijn filmpjes te laten zien. Hij ziet voldoende aanleiding een afspraak op het kantoor van de NVVE te regelen; dat wordt medio januari. Daar blijkt men verrast en ziet men er wel wat in. Ik heb me natuurlijk afgevraagd wat Moek er zelf van zou vinden en ook in mijn omgeving wordt die vraag wel gesteld. Moek was een bescheiden vrouw en zou er zelf zeker niet voor hebben gekozen zich zo in het middelpunt van de belangstelling te zetten. Ook actievoeren zat haar niet in het bloed. Aan de andere kant was ze maatschappelijk en ook politiek altijd zeer betrokken en op haar manier ook actief, vooral als een soort mantelzorger. Ik ben ervan overtuigd dat ze, ook vanuit haar eigen ervaring, de extra aandacht voor de problematiek van ouderen met een voltooid leven zou toejuichen. Ik denk dat ze er stiekem ook wel trots op zou zijn daar zelf zo'n centrale rol in te mogen spelen, nu ze daar zelf niet voor heeft hoeven kiezen. Zó ken ik haar ook. Mijn omgeving gaat daarin mee.

Er volgen allerlei gesprekken, onder andere over de mogelijke gevolgen van het openbaar maken van deze zelfdoding. Niet alleen voor haar omgeving, waarvan maar een deel op de hoogte is, maar vooral ook over de juridische consequenties die dat voor mij zou kunnen hebben. Ik ben me daarvan natuurlijk wel bewust, maar de NVVE besteedt er veel zorg aan dat nog dieper tot mij door te laten dringen en me erop voor te bereiden.

Zo stellen ze me voor een gesprek te hebben met Flip Sutorius, de huisarts die voormalig senator Brongersma hielp sterven en meende dit geheel volgens de toen geldende afspraken te doen. Maanden later werd hij alsnog aangeklaagd en uiteindelijk na jaren procederen door de Hoge Raad schuldig bevonden, hoewel zonder strafoplegging; het bekende 'Brongersma-arrest'. Zo'n slopend proces zou mij ook te wachten kunnen staan.

Dat is een leuk en zinvol gesprek, maar levert geen gezichtspunten op die mij doen twijfelen. Leren van diens rechtsgang, de lange duur en de emoties die daarbij speelden, was inderdaad heel nuttig. Er zijn evenwel ook twee belangrijke verschillen met mijn situatie: ik kan me er op voorbereiden, want de strafbaarheid van wat ik gedaan heb is onmiskenbaar; Flip moest ondertussen ook zijn werk als arts blijven doen, terwijl ik als pensionado voor mijn gevoel materieel noch immaterieel veel te duchten heb. Achter mijn rug draaien de molens van de NVVE ondertussen vrijwel ongemerkt gestaag door. Ze betrekken de filmmaker Nan Rosens erbij, die al eerder een film voor ze gemaakt heeft, en nemen een advocaat voor mij in de arm, Willem Anker. Aan een advocaat had ik zelf nog niet gedacht.

Dan gaat het snel. Nan komt 3 september 2009 samen het Eveline van Dijck (van de film 'Mag ik dood') bij mij thuis kennismaken. Dat is een geanimeerd bezoek. Voor mij ook wel een beetje spannend om Eveline en Nan in levende lijve te ontmoeten en zo voor het eerst geconfronteerd te worden met de mij zo onbekende wereld van de cineasten. Op 8 oktober komt Nan weer naar Midlaren om de concrete plannen te bespreken. De opnamedagen voor de film worden in de eerste helft van november gepland. Inmiddels is al wel duidelijk dat de film vertoond zal worden in de week die de NVVE organiseert over het voltooid leven, die voorzien is in de tweede week van februari 2010. Ook lijkt de NCRV weer geïnteresseerd de film uit te brengen, hoe is nog niet precies duidelijk en hangt nog af van de lengte die de film gaat krijgen.

Op 11, 12 en 13 november wordt de film bij mij thuis in Midlaren opgenomen. Nan komt met een camera- en een geluidsman. Ze verbouwen de woonkamer voortdurend voor een andere opstelling. Ook het op het lijf aanbrengen van de microfoons met zendertje, die onzichtbaar gedragen moeten worden, is telkens een heel gedoe. Op de eerste filmdag is ook Minne met haar twee kinderen erbij. Nan heeft 's middags een gefilmd interview met haar, terwijl ik buiten wandel met mijn kleindochters Denise en Yvette. Ze vertelt wat voor oma Moek voor haar was en hoe die ons overal waar we woonden kwam opzoeken. Ze vertelt van de schok toen Moek haar tweede zwangerschap gebruikte om aan te geven dat ze spoedig dood wilde, maar ook hoe ze zich met de hele gang van zaken heeft verzoend en achter haar vader en zijn 'daad van liefde' staat, zoals zij dat noemt. Tenslotte zijn we nog, onder toeziend oog van de camera, met zijn allen gaan wandelen naar het vlakbij gelegen hunebed van Noordlaren, het enige in de provincie Groningen.

De volgende dag heeft Nan een gesprek met mij alleen. Daarin vertel ik waarom Moek bij ons kwam, waar haar naam vandaan kwam en wat voor vrouw zij was. Verder komt de hele gang van zaken aan de orde, van de voorgeschiedenis tot aan de hulp zelf en wat er daarna gebeurde. Al vertellende, komen er wel weer veel emoties bij me boven. Ook ditmaal worden er weer enkele buitenopnamen gemaakt, onder andere op het heideveld van de Vijftig Bunder, een natuurgebied bij Midlaren.

Op de derde dag komt Aafke naar ons toe. Zij heeft eveneens een apart gesprek met Nan, terwijl ik in de tuin bezig ben. Net als Minne vertelt ze wat voor oma Moek voor haar is geweest en wat het voor haar betekende toen ze hoorde dat Moek er uit wilde stappen. Ze noemt ook hoe Moek opleeft als die weet dat er een mogelijkheid is met leven te stoppen. Ze zal Moek missen, maar vindt ook dat het 'recht op leven' niet inhoudt dat er een 'plicht tot leven' bestaat.

Ook met Aafke samen worden er buiten wat opnamen gemaakt, op de fiets over de Tolhuisweg langs de Vijftig Bunder.

Hoewel er niet veel verkeer is op die weg, moeten de opnamen toch een enkele maal worden uitgesteld vanwege langskomende fietsers en paarden. Het voelt wat kunstmatig, zulke gearrangeerde opnamen en gesprekken, maar we laten ons gedwee coachen voor de goede zaak.

In de weken erna volgt de periode waarin de film gemonteerd wordt. Van de uren gesprek die Nan met ieder van ons opgenomen heeft, komt natuurlijk maar een fractie in de film terecht. Ik benijd haar niet zulke keuzes te moeten maken. Tijdens de montage komt Nan met het voorstel de film de titel 'Een daad van liefde' te geven, naar de uitspraak van Minne in de film. Ik ben niet enthousiast, al weet ik niet meteen waarom. Later wordt het me wel duidelijk: die titel verwijst naar mij, terwijl het gaat over Moek. Ik ben dan ook blij als Nan, met begrip voor mijn bezwaar, later met de titel 'De laatste wens van Moek' komt. Dat is het helemaal. Als de film vertoond is, zullen er mensen zijn die 'wens' verbasteren tot 'wil', wat voor mij duidelijk een andere lading heeft. Goed gekozen dus, die titel.

Ik word me pas goed bewust van mijn naïviteit als de NVVE me vertelt dat ze Willem Anker heeft gevraagd als mijn advocaat op te treden. Ik heb daar nog helemaal niet bij stilgestaan of aan zoiets als een verdediging gedacht, hoewel ik me er natuurlijk zeer wel van bewust ben, dat met het uitkomen van de film, mijn hulp aan Moek bekend zal worden. Daarmee zullen we ook een strafbare daad openbaar maken. Anker heeft al eerder vergelijkbare zaken gedaan en is op dat moment ook betrokken bij de zaak tegen Gerard Schellekens van de Stichting Vrijwillig Leven.

Mijn eerste kennismaking met Anker vindt plaats op zijn kantoor in Leeuwarden, samen met Eugène Sutorius, emeritus hoogleraar strafrecht en oud-voorzitter van de NVVE. Later, eind december in een gesprek met Petra de Jong, directeur van de NVVE, bespreken we de strategie. Het lijkt wenselijk het Openbaar Ministerie van tevoren in te lichten om te voorkomen dat zij aanleiding zouden zien om – zoals met Schellekens en de kinderen van de door hem geholpen vrouw was gebeurd – mij van mijn bed te lichten. Hoewel zulk optreden in zo'n geval geen enkel doel dient, schijnen politie en/of OM het nogal eens nodig te vinden zo intimiderend op te treden. Om ook te voorkomen dat de uitzending geblokkeerd wordt, spreken we af dat Anker de ochtend van de uitzending het OM zal bellen om hen te informeren dat er die avond een strafbaar feit in de uitzending zal voorkomen, zonder te zeggen wat precies, en dat wij in alle opzichten zullen meewerken aan elk eventueel onderzoek van het OM. Wij gaan er vanuit dat het OM ons de dag na de uitzending voor een verhoor zal uitnodigen.

Voordat de film wordt uitgezonden, licht ik mijn en Moeks vroegere omgeving daarover in. Sommigen zijn immers niet op de hoogte van de manier waarop Moek is overleden. De NVVE licht ook het bejaardenhuis in Ermelo in.

En dan is het maandag 8 februari 2010, de eerste dag waarop de NVVE het voltooid leven in de schijnwerpers zal zetten. Feitelijk gebeurt dat met de tv-uitzending van Nans film door Netwerk onder regie van de NCRV, na het nieuws van acht uur. In de middaguitzending van Schepper & Co met Jacobine Geel, ook van de NCRV, wordt al een vooruitblik geworpen. Het gesprek wordt gevoerd tussen Petra de Jong en de bejaarde mevrouw Corrie van der Zee aan de ene kant en Rienk van Splunder, voorzitter van de christelijke ouderenbond PCOB en de haast onvermijdelijk bij dit soort gelegenheden aanwezige christelijk-ethicus Theo de Boer aan de andere kant. Mevrouw Van der Zee geeft een mooie beschrijving van hoe het voor ouderen kan zijn om een voltooid leven te bereiken. De christelijke mannen tegenover haar hebben weinig boodschap aan wat ze vertelt en luisteren nauwelijks naar wat ze echt te zeggen heeft. Ze weten wel beter.

De film van Nan wordt 's avonds helaas iets ingekort, vanwege de beperkte tijd waarover Netwerk beschikt. Ze willen ook ruimte behouden voor een nabeschouwing met Eugène Sutorius. De liederen van Schubert worden weggelaten en sommige delen worden samengevat door een voice-over. De essentie van de film blijft wel behouden,

Het is opvallend hoeveel interesse de NCRV heeft om aandacht te geven aan deze problematiek en ze doet dat op een neutrale, maar betrokken wijze, die ik op het eerste gezicht niet had verwacht, gezien haar christelijke signatuur en achterban. Toch blijkt deze integere aanpak, zowel eerder als later, een stabiel element in haar benadering te zijn. Verrassend en alleen al daarom een compliment waard.

De uitzending maakt veel indruk. Op mijzelf heeft het een toch nog onverwacht overdonderend effect, door de zeer vele reacties die ik krijg, zonder uitzondering positief tot zeer positief en ondersteunend. Rechtstreeks, door middel van telefoontjes, brieven en e-mail, maar ook via de NCRV, de NVVE en Anker, als duidelijk wordt dat hij als mijn advocaat zal optreden. Het raakt me diep, vooral wanneer er gerefereerd wordt aan de herkenbaarheid van de problematiek. Een oude bekende heb ik zelfs met informatie op weg kunnen helpen, waardoor haar moeder de arts uiteindelijk toch bereid vond te helpen. Dat alleen al voelt als een rechtvaardiging. Het zijn er te veel om allemaal te kunnen beantwoorden. Ook weken later blijven zo nu en dan nog reacties binnenkomen.

Veel mensen feliciteren me met mijn moed. Ikzelf ervaar die moedigheid niet zo. Ik ben nooit ergens bang voor geweest. Een eventuele straf was mij het helpen van mijn moeder zeker waard en ook het risico van het in de openbaarheid brengen verandert daar niets aan. Een paar maanden gevangenis, als het daar al toe zou leiden, zijn natuurlijk niet leuk, maar te overleven. Mijn omgeving zal er misschien nog het meeste onder lijden. Deze reacties zeggen mij veel over de angst die er in de samenleving heerst voor het strafrecht. Ik kan mij opwinden over de gevolgen die dat heeft voor zowel de mensen met een begrijpelijke stervenswens, als voor alle betrokkenen daaromheen, voor wie compassie in een crimineel jasje lijkt te worden gehesen. In de vele gesprekken die ik later zal voeren in het kader van de publieksdebatten over 'voltooid leven' wordt dat regelmatig heel duidelijk gemaakt, met trieste voorbeelden.

Drie dagen na de Netwerkuitzending wordt door HUMAN ook de film 'Ongeneeslijk oud' van Margot Donkervoort vertoond, die gaat over de 93-jarige Ans Nieuwenbrug, die haar voornemen kenbaar maakt uit het leven te willen stappen. Ik word diep getroffen door de grote gelijkenis met de situatie van Moek. Een geestelijk sterke en zelfbewuste vrouw, nog volop actief en volstrekt niet eenzaam, maar niettemin vastbesloten dat het genoeg is geweest. Dit is bijna het verhaal dat over Moek gemaakt had kunnen zijn, als de film vóór haar dood zou zijn begonnen. Het is haast een voorfilm bij 'De laatste wens van Moek'. Ik ben zeer onder de indruk en het verbaast me dat deze film later zo weinig aandacht krijgt. Alleen de mooie titel van de film 'Ongeneeslijk oud' wordt bij de publieksdebatten nog wel eens gebruikt.

De tweede dag van de actieweek, 9 februari, komt de burgerinitiatiefgroep 'Uit Vrije Wil' aan de orde, die politieke aandacht van de Tweede Kamer wil vragen voor de problematiek van ouderen met een voltooid leven. Binnen een paar dagen zijn de benodigde 40.000 handtekeningen binnen en na een dag of tien bijna vier keer zoveel. Het minste wat je daarvan kan zeggen is dat de problematiek rond het voltooide leven blijkbaar veel mensen bezighoudt en dat het niet gaat om een verwaarloosbare minderheid. Persoonlijk ervaar ik deze gecoördineerde maar aparte actie als een grote steun.

In mei worden de handtekeningen in de Tweede Kamer aangeboden. De dag ervoor, 17 mei, word ik in Netwerk geïnterviewd over mijn rol. Daarnaast komt ook Eugène Sutorius weer aan het woord over het inleveren van de handtekeningen.

Een jaar later komt de groep met een uitgewerkt wetsontwerp in het boekje *Uit Vrije Wil*, waarin onder andere ook een aantal actievoerders hun persoonlijke motivatie toelichten. Er komen twee hoorzittingen van de Tweede Kamercommissie, waar vooral veel bezwaren worden aangevoerd.

Om haar actie kracht bij te zetten roept de NVVE mensen op een brief aan de Tweede Kamer te richten. Zo wordt in november 2011 een boek met 1000 brieven uit de 4000 reacties die binnenkwamen van mensen die aandringen op honorering van de actiepunten, aan de Kamerleden aangeboden. De behandeling op 8 maart 2012 in de Kamer is serieus, zinvol en niet zonder betekenis. De stemming wordt aanvankelijk opgeschort en daarmee blijft het op de agenda. Niet slecht.

HET WACHTEN BEGINT

Het tweede en laatste deel van het verhoor wordt afgesloten met een vraag naar de nalatenschap van Moek. Daarin komt aan de orde dat ik samen met mijn overgebleven halfzuster El in Canada de enige erfgenaam ben, afgezien van een aantal legaten. Ik ben ook de executeur-testamentair en ben altijd bij al haar financiële zaken betrokken geweest.

Ik heb op dit moment verder weinig toe te voegen, maar het kan zijn dat ik later nog aanvullingen kan geven als dat nodig is. Dan vraagt advocaat Willem Anker of hij misschien nog een vraag mag stellen. Hij weet dat zijn aanwezigheid bij volwassen verdachten eigenlijk ongebruikelijk is en dat hem is gevraagd zijn mond te houden, maar niettemin vraagt hij dat beleefd en dat wordt hem ook toegestaan.

Anker vraagt mij dan, kennelijk voor alle duidelijkheid, wat mij tot deze handeling bracht, terwijl ik wist dat ik me schuldig maakte aan een strafbaar feit.

'Ik wist het wel, maar het was een weten waar ik volstrekt niet mee bezig was. Ik voelde de wanhoop van mijn moeder en dat gunde ik haar niet. Afgezien van mijn situatie, ben ik het niet eens met dat verbod. Wat voor mij telde, was dat ik voor mijn moeder iets wilde betekenen. Haar wanhoop was voor mij zo evident. Je moet dat ook voor je zien, zoals zich dat in de loop der jaren opbouwt. Toen ik dat zo zag, moest ik handelen en kon ik niet stilzitten. Ik zou mij ongelofelijk schuldig hebben gevoeld als ik niets gedaan had, terwijl ik dat wel kon.'

Daarmee wordt het verhoor beëindigd. Het verslag wordt uitgeprint en we krijgen de tijd dat door te lezen en eventueel te corrigeren. Als alles in orde is, teken ik, waarna ook de twee rechercheurs er hun handtekening onder zetten. Dan is alles afgelopen en kunnen we naar huis.

We lopen weer terug door alle gangen en de afgesloten deuren worden opnieuw met pasjes voor ons geopend. Bij de uitgang nemen we afscheid van de rechercheurs.

Buiten praten Anker en ik nog even na. Hij is wel tevreden over hoe het gegaan is, over de vraag die hij heeft mogen stellen en het antwoord dat ik heb gegeven. Ikzelf ben wel een beetje murw, maar ook niet ontevreden. Moeilijk was het niet en de sfeer was plezierig.

En dan begint het wachten op wat ze van plan zijn, op wat ze gaan doen. Zorgen maak ik me niet. Niemand zal mij mijn overtuiging afnemen dat de hulp die ik Moek gegeven heb gerechtvaardigd was. Het wetsartikel dat dit verbiedt is al 125 jaar oud. Niet alleen werd er toen heel anders tegen de dood en zelfdoding aangekeken, dit artikel dat de pure hulp strafbaar maakt, is bovendien met heel andere intenties ingevoerd als waarvoor het nu wordt gebruikt. Het is mijn stellige overtuiging dat niet ik fout ben, maar dat het wetsartikel zelf niet deugt. Natuurlijk ging het me daar niet om, maar nu mijn hulp bekend is geworden, ben ik bereid de eventuele gevolgen daarvan onder ogen te zien. Iedere veroordeling zal meer zeggen over de samenleving die een dergelijk artikel hanteert en handhaaft, dan over de verdachte.

Hoewel de maximumstraf op drie jaar staat, leert de ervaring dat er nooit meer dan drie maanden wordt geëist. Dat is natuurlijk niet niks, maar wel te overzien en ik heb nog genoeg ongelezen boeken om die tijd door te komen. Voor mijn omgeving, Lida in het bijzonder, zal dat waarschijnlijk nog het zwaarst zijn. Als het werkelijk al zo ver komt, want eigenlijk geloof ik daar niets van. Ik verwacht hoogstens een voorwaardelijke veroordeling. Maar wat het ook wordt, Moeks laatste wens was dat alleszins waard.

JURIDISCHE NASLEEP:
BIJZAAK WORDT HOOFDZAAK

Na mijn verhoor in Apeldoorn worden ook veel anderen gehoord: mijn dochters, hun moeder, mijn huidige partner, de betrokken consulent van de NVVE, de huisarts, de dienstdoende arts van de huisartsenpost, de leidinggevende van het bejaardentehuis van Moek, de betrokken nachtzuster en de directeur van Bartiméus, de instelling waartoe het tehuis behoort.

Het geeft me een bezwaard gevoel dat zoveel mensen worden lastiggevallen, alleen omdat *ik* besloten heb in de openbaarheid te komen met het verhaal over hoe ik Moek heb kunnen helpen haar leven af te ronden.

De politie beluistert ook alle geluidsopnamen die ik heb gemaakt in de laatste twee weken voor het overlijden van Moek, bij elkaar zo'n zestien uur. Dat zijn lang niet allemaal interessante gesprekken, ook veel stilte en loos geluid, omdat de recorder gewoon continu aanstond. Ze luisteren alles af en zetten van de relevant geachte passages een transcriptie in het proces-verbaal.

Tijdens mijn verhoor heb ik laten weten dat ik nog wat van de Nivaquine tabletten over heb. Veel later word ik door de rechercheur gebeld met het vriendelijke verzoek of ik een van die pillen wil afstaan voor onderzoek. Dat vind ik geen probleem en een paar dagen later, 27 april, komt de aardige man daarvoor bij me langs. Dan geeft hij aan dat ze eigenlijk wel vijf pillen zouden willen hebben. Ik wil graag meewerken, maar dit vind ik wat overdreven. Een chemische analyse kan tegenwoordig betrouwbaar op basis van miniem kleine hoeveelheden, en juist het Forensisch Instituut zou dat zeker ook moeten kunnen. Ik begrijp de vraag daarom niet zo goed. Om mijn overgebleven voorraadje ook niet te veel aan te tasten, stel ik voor het tot drie te beperken en daarmee gaat de man akkoord. Ik moet lachen als ik in het ontvangstbewijs lees dat ze 'op grond van het bepaalde in art. 94/94a van het wetboek van strafvordering' de pillen 'in beslag genomen' hebben. Kennelijk is dat het enige jargon waarin de politie kan communiceren. Vrijwillige afgifte kennen ze daar blijkbaar niet.

Het contact met de rechercheur is, hoewel nog altijd zeer vriendelijk, overwegend puur zakelijk van aard. Niettemin laat de man zich ontvallen dat de zaak hem persoonlijk wel aan het denken heeft gezet. Op zo'n moment juicht mijn hart. Mijn opzet blijkt daarmee ook een zinvolle impact te hebben op de mensen bij de betrokken instanties en hen persoonlijk te raken.

Wat er met de pillen precies gebeurt, blijft lange tijd ongewis. Pas 14 februari 2011, tien maanden later dus, komen de pillen bij het NFI aan en 30 maart komt de uitslag van het chemisch onderzoek van twee pillen. Die blijken nog vrijwel geheel te voldoen aan de verwachtte samenstelling. Het rapport krijg ik tot mijn verbazing persoonlijk toegezonden. Daarin sta ik inderdaad als verdachte genoteerd en Moek als slachtoffer. Justitie kent maar weinig vakjes. Als ik lees dat de samenstelling klopt, realiseer ik me voor het eerst dat ik daar stilzwijgend van was uitgegaan. De gedachte dat de pillen na de zestien jaren dat ik ze in bezit had wel eens minder werkzaam hadden kunnen zijn, is nooit bij me opgekomen.

Op 7 mei 2010 levert de politie haar uitvoerige proces-verbaal in bij het OM in Arnhem, zo'n 119 pagina's inclusief alle bijlagen. Het omvat ook een transcriptie van alle filmteksten en de meest relevante geluidsopnamen. Anker hoort daarvan een maand later en krijgt dan pas een kopie. Ik krijg er vervolgens weer een van hem. Want al draait het proces om mij, het OM heeft niet de gewoonte verdachten rechtstreeks te informeren. Dat gebeurt alleen via de advocaat. Hoewel dat heel praktisch gemotiveerd zal zijn, ervaar ik dat zelf als een wonderlijke gewoonte.

Daarna horen we lange tijd niets. Het stoort me niet. Het voelt niet als een 'zwaard van Damocles', zoals nogal eens verondersteld wordt. Naar mijn gevoel ligt het probleem niet bij mij, maar bij het OM. Dat lijkt te worden bevestigd door de tijd die het OM neemt. Anker informeert op mijn verzoek om het half jaar bij het OM in Arnhem hoe de stand van zaken is.

Begin 2011 blijkt de vertraging nog deels te kunnen worden geweten aan een zwangerschapsverlof van de verantwoordelijke officier van justitie. De afgegeven pillen blijken dan nog naar het NFI te moeten worde verzonden.

In juni 2011 geeft de officier aan dat alle rapporten binnen zijn, maar dat er dan nog eerst intern over moet worden beraadslaagd, waarna het zal worden voorgelegd aan het College van procureurs-generaal in Den Haag. Tenslotte zal het vermoedelijk nog langs de minister gaan. Het is duidelijk dat er op zijn vroegst in het najaar, na de vakantieperiode, iets te verwachten valt.

Als er begin december nog steeds niets lijkt te gebeuren, belt Anker weer naar Arnhem. Daar hoort hij dat hij in Den Haag moet zijn. Als hij in week vijftig met het secretariaat van het College in Den Haag belt, schrikt men daar blijkbaar wakker. Het is blijven liggen. Er wordt beloofd dat het nog voor de kerst zal worden afgehandeld. Over de minister wordt niet meer gesproken. Ik informeer de NVVE, maar er gebeurt die dagen voor kerst niets meer. Wel wordt aangegeven dat de behandeling nu is geagendeerd voor 17 januari 2012. Ik informeer de NVVE opnieuw, maar verwacht niet dan ook werkelijk iets van het OM te horen. De juridische molens malen immers traag, zoveel is nu wel duidelijk.

Medio februari ontvangt Anker een bericht van het College, dat er op hun verzoek een nader onderzoek zal worden uitgevoerd. Ze willen een extern deskundige naar de zaak laten kijken, dus van buiten het OM. Daarbij zal het gaan om de 'medischethische kant van de zaak'. Dat kan dus nog wel weer even duren. Het raadplegen van een extern deskundige is bedoeld om tot een goed onderbouwde beslissing te komen, zegt men. Of dat in dit geval een goede keus is, vraag ik me af. Immers, het gaat hier niet om een medische kwestie. Sterven is in de eerste plaats een existentieel gebeuren en de keuze daartoe moet niet onnodig in een gemedicaliseerd kader worden geplaatst. In Moeks geval was het probleem niet medisch: de vele medische kwalen die haar hinderden, waren niet de reden van haar stervenswens. Die kwalen waren er al veel langer. Het was een existentiële vraag, het leven was haar te veel geworden. Ook kun je je afvragen of er wel een ethisch gezichtspunt mogelijk is dat los staat van een levensbeschouwelijke achtergrond, zoals verwacht mag worden van een in dat opzicht neutrale overheid. Ik heb dan ook grote twijfels over het nut van zo'n deskundige. Of die er uiteindelijk ook is gekomen is onduidelijk gebleven. We hebben er niets meer van vernomen.

Eind februari 2012 is de rechtszitting in hoger beroep van de heer Schellekens, voorzitter van de Stichting Vrijwillig Leven, die eerder in Almelo veroordeeld is voor hulp bij zelfdoding en een deels onvoorwaardelijke straf heeft gekregen: twee maanden cel en acht maanden voorwaardelijk. Nu eist het OM een half jaar voorwaardelijk, mede omdat de man een slechte gezondheid heeft. Tot mijn verbijstering maakt de rechter daar een jaar voorwaardelijk van 'uit een oogpunt van algemene preventie'. Los van de vraag waarom de man een zwaardere straf moet krijgen om anderen te weerhouden hetzelfde te doen, vraag ik me af waar die rechter eigenlijk bang voor is. Ik vind het schokkend dat de rechter het nodig en nuttig acht nog over de eis van het OM heen te gaan en die zelfs te verdubbelen. Ik voel me strijdbaar worden. Weliswaar verschilt de zaak Schellekens op een aantal punten van de mijne, de kern is toch de hulp die hij gegeven heeft aan een vrouw in 'stervensnood' en die hij ook zelf bewust openbaar heeft gemaakt.

Ik neem contact op met Anker omdat ik met hem wil overleggen hoe mijn zaak moet worden aangepakt. We bespreken de mogelijkheid van een sepot maar besluiten dat we er niet mee gediend zijn dat onze zaak terzijde wordt gelegd. Als het OM tot vervolging besluit, wil ik niet dat het accent komt te liggen op hoe mijn straf zo klein mogelijk kan worden gemaakt. Het moet niet om mij gaan, maar om het aan de kaak stellen van het wetsartikel, dat alleen maar narigheid veroorzaakt en niets oplost, integendeel.

Ik besef goed – en Anker wijst daar natuurlijk ook nog eens op – dat de rechters er niet zijn om wetten te maken of te veranderen, maar om ze toe te passen. Wetten worden door de Tweede Kamer gemaakt. De ervaring leert echter dat zulke gevoelige ethische kwesties in de politiek vaak ondersneeuwen in het dominante sociaaleconomische geweld. Aan de andere kant kunnen OM en rechters soms wel komen met gedoogconstructies, zoals in de jaren voorafgaande aan de euthanasiewet feitelijk het geval was. Zo kunnen goedwillende en creatieve juristen de politiek soms helpen naar de maatschappelijke signalen te luisteren, door politici indicaties te geven hoe haar verantwoordelijkheid te nemen. Hoewel mijn zaak een bijkomend gevolg is van het aandacht vragen voor het voltooide leven, gaat het accent nu liggen op de afschaffing van de strafbaarheid van hulp bij zelfdoding.

Anker belt begin juni 2012 de verantwoordelijk officier van justitie weer eens op om te informeren naar de stand van zaken. Die meldt dan dat ze wachten op een advies van de Landelijke Reflectiekamer, die politiek gevoelige strafzaken aan een soort extra toetsing onderwerpt. Niemand op het kantoor van Anker heeft echter ooit van dit instituut gehoord en het lijkt vooral een poging tot verder uitstel. Hieruit blijkt – wat ook expliciet wordt aangegeven – dat de zaak 'politiek zeer gevoelig' ligt.[5]

De officier geeft tevens aan dat er nog vragen zijn over het juridische begrip 'causaal verband'. Daarbij gaat het blijkbaar om de relatie tussen de verstrekte en ingenomen pillen en het overlijden. Ook dat is merkwaardig. Ik begin me af te vragen of men misschien een excuus zoekt om te kunnen seponeren en dus niet te hoeven vervolgen omdat Moek een natuurlijke dood zou zijn gestorven. Dat zou het OM veel soesa besparen. Probleem voor hen is daarbij dat voor de strafbaarheid van mijn hulp, die causaliteit niet vereist is, zoals in de bestaande jurisprudentie al eerder is geconstateerd. Het OM kan ook daar niet omheen.

Voor mij begint de zaak zo langzamerhand haast hilarische proporties aan te nemen. Is dit nog wel serieus? Ook Anker weet eigenlijk niet goed meer wie hij eigenlijk tegenover zich heeft, een voor hem onbekende ervaring. Normaal gesproken is de officier van justitie zijn tegenspeler. Nu lijkt dat dus het College van procureurs-generaal te zijn, maar misschien zelfs wel de bewindslieden?

Om welke politieke gevoeligheid zou het dan toch precies gaan? Met de val van de minderheidsregering Rutte I op 23 april

5 Later wordt duidelijk dat deze Landelijke Reflectiekamer inderdaad een nieuw orgaan is, waarvan de leden geheim zijn. Mogelijk variëren ze per onderwerp. De eerste zaak betrof de aanklacht tegen kolonel Karremans.

2012 is de officieuze gedoogsteun van de SGP inmiddels niet relevant meer. Dus waarover hebben we het dan nog? Betekent dat niet dat, waar het hier feitelijk toch om een simpele en heldere zaak betreft (appeltje-eitje, om met Anker te spreken), er door het OM een soort politiek proces van wordt gemaakt? Maar met welk oogmerk? Het is raadselachtig, maar voor mijn gevoel wordt mijn zaak door hen zo wel meer maatschappelijk relevant gemaakt. En dat is natuurlijk niet verkeerd.

Ondertussen is de NVVE een campagne aan het voorbereiden om de strafbaarheid van hulp bij zelfdoding door niet-artsen af te schaffen. Het is een oud artikel dat in onze buurlanden niet bestaat en dat ook in een heel andere context in het leven is geroepen dan waarvoor het nu gebruikt wordt. Het is ook het enige artikel dat hulp aan een op zichzelf niet-strafbare daad, strafbaar stelt.[6] Alle veroordelingen op basis van deze wet betroffen mensen die anderen geholpen hadden op hun dringende verzoek en zonder veel geheimzinnigheid. Alleen uit hulpvaardigheid, barmhartigheid, en zonder enig persoonlijk voordeel. Het negatieve effect van de wet is daarom erg groot en tweeledig: ofwel het gebeurt toch, maar dan in alle geheimzinnigheid en dat zal dan ten koste kunnen gaan van de zorgvuldigheid, in elk geval van de sociale betrokkenheid van de omgeving en nabestaanden; ofwel het gebeurt niet, omdat niemand het aandurft, ondanks de grote wens van de betrokkene en dat leidt dan vaak tot een lang en ongewenst stervensproces van de betrokkene en tot gevoelens van frustratie, schaamte en spijt bij de zich machteloos voelende nabestaanden.

Ik heb van beide enkele voorbeelden te horen gekregen na af-

6 Soms noemt men ook de hulp bij het ontsnappen uit een gevangenis, maar vergelijkbaar is dat niet. Weliswaar is ontsnappen juridisch niet strafbaar, maar er staan toch zeker wel sancties op, zoals het onthouden van proefverlof of iets dergelijks.

loop van de bijeenkomsten die de NVVE organiseerde rond het thema 'voltooid leven' of 'ongeneeslijk oud'. Mede op grond van deze ervaringen is bij de lancering van de campagne in augustus 2012 de site 'geachtetweedekamerleden.nl' geactiveerd en een telefonische meldlijn geopend. Daar kan iedereen, desgewenst anoniem, zijn verhaal vertellen over deze punten. Eerder al zijn vertegenwoordigers van de politieke partijen uitgenodigd om te bespreken in hoeverre zij bereid en in staat zijn dit punt in hun verkiezingsprogramma op te nemen.

Eind augustus 2012 hebben Anker en ik een bijeenkomst op het kantoor van de NVVE samen met Eugène Sutorius, om de verder aanpak te bespreken: hoe het OM te activeren en hoe te reageren om op de mogelijke scenario's. Hoewel een sepot niet waarschijnlijk is, sluiten we het niet uit. Anker geeft tevens aan, bij wijze van uitzondering, wel in te willen gaan op een verzoek van Eén Vandaag voor een interview met ons beiden over het zo lang uitblijven van actie bij het OM en over het meldpunt. Hij wil echter eerst nog van het OM horen hoe het er nu mee staat.

Nog voordat Anker de volgende dag de officier van justitie kan bellen, belt zij hem. Ze vertelt hem dat het OM na veel discussie toch heeft besloten de zaak 'voor de rechter te brengen', zoals dat zo mooi heet. Anker laat mij dat weten en ik informeer de NVVE weer, die daarover een persbericht het licht laat zien, dat op verschillende plaatsen wordt overgenomen.

Even later wordt Anker gebeld door de rechtbank van Zutphen, waar mijn zaak immers formeel onder valt, en ze stellen de datum van 15 januari 2013 voor als zittingsdatum. Aldus wordt besloten. Diezelfde middag nog belt de rechtbank opnieuw met de mededeling dat de afspraak weer wordt ingetrokken, 'maar houdt u hem met potlood toch nog maar wel even in uw agenda vast'. Er is kennelijk sprake van enige miscommunicatie binnen het OM. De volgende dag geeft het OM zelf een persbericht uit waarin ze het bericht van de NVVE over mijn vervolging een misverstand noemen. Er is nog geen beslissing genomen, 'al zal dat wel binnenkort gebeuren'. De suggestie is dat dit misverstand bij Anker of de NVVE ligt, maar dat is overduidelijk niet het geval. Het is mijn inschatting dat de beslissing inderdaad wel is genomen, mogelijk onder druk van de aandacht die de NVVE er nu aan geeft, maar dat die voor de verkiezingen van 12 september nog niet naar buiten had mogen komen. Hoewel dus alles nog op losse schroeven lijkt te staan, gaan we er vanuit dat de oorspronkelijke beslissing en de datum gewoon gehandhaafd zullen blijven. Het zal wel nooit aantoonbaar zijn, maar de verwarring zou wel kunnen voortvloeien uit ingrijpen door de minister.

De AVRO wil in de actualiteitenrubriek 'Eén Vandaag' aandacht besteden aan het lange dralen van het OM. Een filmploeg komt naar het kantoor van Anker waar wij beiden aan een interview worden onderworpen. Ook worden er nog sfeeropnamen gemaakt in een park. Het neemt allemaal een hele middag in beslag. Ze proberen Anker de datum van de zitting te ontfutselen, maar die geeft geen krimp vanwege de ontkenning van het OM dat er al een beslissing zou zijn genomen. Aandacht voor de zaak is natuurlijk nooit weg en nu willen we ook graag aandacht vragen voor de website waar men zijn eigen ervaringen met hulp bij zelfdoding, of het achterwege laten daarvan, kan melden, anoniem als men wil.

De uitzending op 5 september 2012 stelt behoorlijk teleur. Teveel van de beschikbare tijd wordt gestopt in de herhaling van de beelden uit de film. Van de interviews, zeker dat van Anker, wordt maar weinig getoond. De toegezegde vermelding van de website blijft bovendien achterwege. De nieuwswaarde van de uitzending ontgaat me feitelijk en ik vind het zonde van de eraan bestede tijd.

Uitlatingen van het OM richting de nieuwsgierige media suggereren dat 'de beslissing' voor half oktober genomen zal worden. Maar met dit wankelmoedige OM is alles mogelijk. Het blijft afwachten en ook deze deadline passeert tenslotte ongemerkt. Het politiek klimaat is echter aardig opgeklaard en misschien helpt dat.

Half oktober is er een opmerkelijke uitspraak in Zwolle, waar een verdachte van hulp bij zelfdoding 'ontslagen is van rechtsvervolging'. Weliswaar is de zelfdoding met medicijnen niet gelukt, maar dat is niet de achtergrond. Zouden hier dan toch symptomen van een kentering te ontwaren zijn?

Ook in de maand november gebeurt er niets, hoewel er inmiddels zelfs al een regering is. Ik maak een afspraak met Anker om 11 december bij hem langs te gaan om enkele publicaties door te nemen en de situatie te bekijken. Hoewel hij 15 januari destijds wel met potlood in zijn agenda heeft gezet is het zo langzamerhand wel duidelijk dat het dat niet meer zal worden. De tijd wordt te krap.

Op 5 december, als ik me 's morgens aan het voorbereiden ben om naar mijn kleinkinderen te gaan waar Sinterklaas dit jaar beloofd heeft langs te komen, krijg ik telefoon van Anker. Het OM heeft hem gebeld. Juist op deze dag zitten ze niet stil en komen ze met een surprise! Nou, ja: 'Ze komen met de beslissing dat ze nu echt hebben besloten te besluiten dat de zitting door zal gaan.' En zoals al te verwachten viel, hadden zij nog altijd 15 januari in hun agenda staan. Anker maakt ze duidelijk dat dat nu geen reële optie meer is. Eerst meer dan 2,5 jaar niets besluiten, dan even net doen alsof, vervolgens weer ruim drie maanden stilte, en dan opeens binnen veertig dagen de zaak willen laten voorkomen. Dat is toch niet meer serieus te nemen? Alles voorbereiden, met alle feestdagen er nog tussen, vergt meer tijd. De officier van justitie lijkt wat verbaasd en overrompeld door deze reactie, maar zegt het intern te zullen bespreken.

Het OM komt op 7 december middels een persbericht met hun beslissing naar buiten. De bewoording daarvan is in meerdere opzichten opvallend (zie pagina 136). Zo wordt gesproken over de gevoeligheid en complexiteit van de zaak, die maakt dat de rechter moet oordelen over de strafbaarheid van mijn daad. Waaruit die complexiteit zou bestaan, is mij niet duidelijk, maar dit geeft er alle schijn aan dat het OM lang over een sepot heeft geaarzeld. Ook het noemen van de Reflectiekamer en het 'afbreukrisico', waarover deze zich onder andere moet buigen, is opmerkelijk en interessant.

Ik krijg veel reacties. Ook de media tonen belangstelling, al is er buiten deze beslissing nog maar weinig te melden. Omroep Gelderland vraagt om een interview dat 10 december bij mij thuis wordt opgenomen en diezelfde dag wordt uitgezonden op radio en tv. Ook 'Pauw & Witteman' en 'De Wereld Draait Door' willen Anker en mij uitnodigen, maar we besluiten eerst ons overleg op 11 december te hebben. Dat leidt ertoe om niet mee te doen aan DWDD: te chaotisch en te weinig serieuze aandacht. Met Pauw & Witteman zullen we akkoord gaan, als ze nog interesse hebben. Dat blijkt niet meer het geval te zijn als Anker aangeeft er zelf niet bij te zullen zijn.

De officier van justitie komt nog met de vraag of het nuttig zou zijn op 15 januari toch een soort regiezitting te hebben. Tijdens mijn bezoek aan Anker op 11 december gaan we daarmee akkoord. Ook wordt dan duidelijk dat Anker niet voor juni 2013 voldoende tijd zal hebben de zaak voor te bereiden.

Ondertussen gaan we op zoek naar personen die mogelijk een rol als deskundige kunnen en willen spelen in deze zaak. Ik pols de NVVE en het Humanistisch Verbond. Ik wil met name niet te veel medische inbreng, omdat het bij Moek niet om een medische kwestie ging. Een existentiële benadering is meer geëigend. Een ethisch verhaal zal ook daaraan gerelateerd moeten zijn. En dan wat mij betreft zonder religieuze overwegingen. De NVVE komt na verloop van tijd met een lijstje met vier namen. Op één jurist na komen ze alle uit de medische hoek. Ze zijn mij allen bekend en uitstekende mensen. Een van hen is echter van mening dat de hulp alleen bij artsen in vertrouwde handen zou zijn, en dat kan ik voor mijn proces moeilijk als ondersteuning zien.

Ongeveer een week na ons gesprek stuurt Anker het zittingsdossier voor 15 januari door. Dat is maar weinig meer dan het oorspronkelijke proces-verbaal van mei 2010. Er zit vooral een overtuigende deskundigenverklaring in waarin gesteld wordt dat de pillen als onvermijdelijke doodsoorzaak gezien moeten worden. Wat daar niet in zit, is een stuk van de geraadpleegde externe medisch-ethische deskundige. Ook is er dan nog geen tenlastelegging. Die komt tenslotte aangetekend op 27 december. Tot mijn verbazing zijn het getypte doorslagen. Kennelijk zijn de schrijfmachines bij het OM nog steeds in zwang en zijn printers en kopieerapparaten er nog niet doorgedrongen. Dat dit de leesbaarheid niet ten goede komt, mag duidelijk zijn.

Wat me opvalt, is dat er allerlei zaken in de tenlastelegging worden genoemd die in voorgaande processen als toelaatbaar werden beoordeeld, zoals informeren, en raadplegen van relevante gegevens.

Als bekend wordt dat de regiezitting op 15 januari werkelijk doorgaat, word ik benaderd door Omroep Gelderland met de vraag of ik mee wil doen aan een praatprogramma op zondagochtend 13 januari. Dat spreekt me wel aan, al ben ik verbaasd dat die administratieve zitting zoveel nieuwswaarde heeft. Als ik zondagochtend in alle rust naar Arnhem wil rijden, vergis ik me in de route, maar gelukkig kom ik nog op tijd bij de studio aan. De sfeer is ontspannen en er is voldoende tijd voor de benodigde voorbereiding. Hoeveel mensen naar deze regionale tv-uitzending kijken? Ikzelf nooit en ik heb ook niemand ontmoet die deze uitzending gezien heeft. Toch moet ik zeggen dat ik zeer te spreken ben over het niveau. Ik zit er met twee andere gasten: de nieuwe regionale politiechef, die stevig en kritisch ondervraagd wordt over de net gestarte nationale politieorganisatie, en een voetbaldeskundige die spreekt over de net opgeheven voetbalclub in Apeldoorn. Mijn onderwerp wordt ingeleid met de gebruikelijke beelden van Moek. De vragen die de interviewer mij stelt, zijn helder en ter zake. Het onderwerp wordt goed neergezet.

De dag erop meldt ook Pauw & Witteman zich weer via de NVVE. Ze nodigen mij uit 's avonds in de uitzending mijn verhaal te doen. Dat mag nu wel zonder de aanwezigheid van Anker. Als we het eens worden over de uit te zenden beelden van Moek en er zich geen onverwachte urgente nieuwsfeiten voordoen, wordt afgesproken dat ik rond negen uur door een taxi zal worden opgehaald. De vooraankondiging bij het achtuurjournaal blijkt nog niet gecorrigeerd. Er wordt gesproken over het uitvoeren van euthanasie, waaruit maar weer blijkt hoezeer dat een containerbegrip is geworden voor alle vormen van een geregisseerd vrijwillig levenseinde. Lida gaat mee als publiek en ook het hoofd communicatie van de NVVE, die mij nog allerlei goede tips geeft, voegt zich later bij ons en zo gaan we naar de studio's in Amsterdamse Westergasfabriek.

Van de andere gasten ben ik vooral geïnteresseerd in de Nederlandse ambassadeur in Parijs, die over de situatie in Mali komt praten, waar ik zelf vijf jaar heb gewoond en gewerkt en dat me als land heel dierbaar is. Verder is er een nieuw parlementslid van de ChristenUnie, Gert-Jan Segers, die zijn redenaarstalenten komt tonen onder het kritische oog van de organisator van TedX Amsterdam. Als ik mijn verhaal houd, daagt Witteman Segers uit daarop te reageren. Hij noemt het verhaal huiveringwekkend en aangrijpend, maar durft geen veroordeling uit te spreken. Hij kan zich niet voorstellen dat de dood de oplossing is en vindt dat in de eerste plaats naar goede zorg moet worden gekeken. Lijden hoort wat hem betreft bij het leven, is er onlosmakelijk mee verbonden.

Maar wie ontkent dat? Wat wil hij daarmee zeggen? Hij weet er duidelijk niet goed raad mee.

De anderen reageren praktisch niet.

Ik ben in eerste instantie minder tevreden over dit optreden dan over dat van de dag ervoor, maar terugkijkend valt het me toch niet tegen. Van verschillende kanten krijg ik later spontane adhesie en ik merk hoeveel mensen in mijn omgeving naar Pauw & Witteman kijken.

De volgende dag word ik om half vier bij de rechtbank in Zutphen verwacht. Het is een dag met veel kans op sneeuw en gladheid. Om alle eventualiteiten voor te zijn, besluiten Lida en ik 's morgens al die kant op te gaan. We nemen een boek mee. Het weer blijkt echter erg mee te vallen en we komen al voor lunchtijd in Zutphen aan, kijken waar we moeten zijn en gaan dan lunchen in een grand café. We doden de tijd met lezen en maken een rondwandeling door de binnenstad, alvorens we ons melden bij de rechtbank. Het kan tegenwoordig nergens meer zonder bodyscan dus ook hier moeten we eraan geloven. Mijn zakmes moet ik in bewaring geven (en zal ik bij vertrek prompt vergeten).

We hebben ruim van te voren afgesproken met Anker en die is er al, met zijn chauffeur en een collega die een studie naar de betekenis van deskundigen doet. We spreken elkaar even over de gang van zaken en de drie personen die wij als deskundigen een rol willen laten spelen als de rechtbank dat goedkeurt. Inmiddels zijn ook de waarnemer van de NVVE en de journaliste van de

Gelderse Omroep die de eerste reportage bij mij thuis maakte, gearriveerd. Blijkbaar zijn de zaken vóór ons behoorlijk uitgelopen, want we moeten lang wachten. Uiteindelijk komen we een uur later dan voorzien aan de beurt. Na de begroeting bij binnenkomst en nadat iedereen zijn plaats heeft ingenomen, wordt mijn identiteit vastgesteld. De president van de rechtbank 'vermaant mij oplettend te zijn op hetgeen ik zal horen en deelt mij mede 'dat ik niet tot antwoorden verplicht ben', zoals in het proces-verbaal van de zitting staat.

Eerst komt dan de officier aan het woord die de zaak presenteert, waarna de president meedeelt dat deze zitting alleen is bedoeld om te bezien of er nog onderzoekswensen zijn, maar dat wisten we natuurlijk al. Dan komt Anker aan het woord met zijn pleitnota, waarin gerefereerd wordt aan de lange duur voor het OM tot een besluit kon komen. Hij presenteert de twee deskundigen, die beiden vanuit een andere medische invalshoek de positie van ouderen met een voltooid leven kunnen toelichten, en de getuige-deskundige die Moek gesproken heeft. Verder stelt hij voor dat beelden uit de film over Moek ter zitting worden getoond.

De officier reageert met te zeggen dat ze ruimhartig met de verzoeken van Anker wil omgaan. Ze gaat akkoord met de getuige-deskundige en de beelden van de film, maar betwijfelt de relevantie van de twee andere deskundigen. Anker onderstreept nog eens hun belang, temeer daar het OM zelf ook externe deskundigen heeft geraadpleegd. De officier zegt dan te menen dat de vragen over de ethische kant van de zaak anders zijn dan de vragen die de rechtbank moet beantwoorden. Een merkwaardige reactie, aangezien ze zelf net al heeft aangegeven dat ook het OM naar de ethische kant heeft laten kijken en ons bovendien niet wil informeren door wie, en wat het resultaat daarvan is geweest.

Dan krijg ik zelf nog het woord. Ik geef aan dat ik de opstelling van de officier ten aanzien van de deskundigen niet vind getuigen van de zelf beleden ruimhartigheid. Hun deskundigheid is wel degelijk relevant. Tenslotte geef ik nog aan, behoefte te hebben aan een meer sociaal-ethische deskundige, maar dat ik die in de beschikbare tijd nog niet heb kunnen vinden en die graag later nog wil voordragen. Dat moet iemand zijn die kan ingaan op de relevante maatschappelijk-ethische aspecten van het sterven en het zelfgekozen levenseinde, die los staan van het medische kader waarin het denken hierover de laatste tijd gevangen lijkt te zitten.

Dan trekken de drie rechters en de griffier zich terug voor beraad. Dat duurt een minuut of tien, gedurende welke ik onder andere kennismaak met de officier, waar ik al vaak over gehoord had, maar nog niet eerder had ontmoet. Ik begrijp goed dat de standpunten die ze te berde brengt niet noodzakelijk die van haarzelf zijn, nu de zaak zo overduidelijk vanuit hogere regionen wordt aangestuurd. De bejegening is in elk geval correct en ik word niet vergeleken met 'Doctor Death', zoals in het eerste proces tegen Schellekens nog wel gebeurde.

Als de rechters terugkeren laten ze weten dat ze aan alle verzoeken van Anker gehoor willen geven. Bovendien willen ze de drie deskundigen niet door de rechter-commissaris laten horen, maar in de rechtszaal en daarom besluiten ze de zitting over twee dagen uit te smeren met een tussenpoos van tenminste twee weken. Een datum kan hierdoor nu nog niet worden genoemd. Vooral Anker staat achteraf haast te dansen van vreugde. Dit is gunstiger dan hij had durven dromen en hij meestal gewend is te krijgen.

In de weken daarvoor ben ik druk bezig geweest nog een derde deskundige te zoeken die ik graag andere dan medisch-ethische overwegingen zou willen laten toelichten. Het levenseinde is immers primair geen medische kwestie, zeker niet bij Moek.

Ik heb verschillende namen, maar ik ken daarvan niemand en het lukt in het begin ook nog niet goed met hen in contact te komen. Als dat na de zitting tenslotte lukt, zegt de eerste persoon wel geïnteresseerd te zijn, maar volstrekt geen tijd te hebben. De tweede persoon die ik benader, is heel geïnteresseerd en zegt in eerste instantie toe, maar laat mij kort daarop weten daar, om puur persoonlijke redenen, op terug te komen. Hoewel ik wel een goed alternatief krijg aangereikt, ben ik toch flink teleurgesteld, omdat deze persoon veel relevante kwaliteiten en ervaringen bezit. Niettemin houd ik aan dit contact wel een paar bruikbare elementen en gedachten over. Zo hoor ik voor het eerst spreken over een 'recht op sterven' en wat dat zou kunnen inhouden. Ook kom ik hierdoor via een artikel in contact met het gedachtegoed van het Europese Hof voor de Rechten van de Mens (EHRM) met betrekking tot autonomie en zorg. Hoewel feitelijk niet verrassend, realiseer ik mij hierdoor dat dit hof niet alleen opvattingen huldigt die niet stroken met onze euthanasiewet, maar dat het de aangesloten staten ook opdraagt alles te doen om zelfdoding tegen te gaan. De 'menselijke waardigheid' krijgt een zodanig absolute betekenis, dat alles daarvoor moet wijken, ook de persoonlijke autonomie. De plicht van de staat om het leven te beschermen, prevaleert boven de persoonlijke autonomie, volgens het EHRM. Individuen hebben niet het recht zelf te bepalen wanneer zij hun leven willen (laten) beëindigen.

Voor mij is dit de eerste keer dat ik in deze context geconfronteerd word met het denken van het Europese Hof. Ik heb een hoge pet op van het EHRM, maar hier schrik ik van. Hier wordt het belangrijke recht op leven in zodanig absolute termen gegoten dat er geen sprake meer is van een *recht op*, maar van *plicht tot* leven. Menselijk leven is per definitie waardig, ongeacht wat de drager van dat leven daar zelf van vindt, hoe die dat zelf ervaart. Hier wordt, naar mijn oordeel, in seculiere termen een collectieve morele waarde geïntroduceerd die feitelijk alleen een religieuze achtergrond heeft. Wie zijn die rechters die er zulke ongenuanceerde oordelen op nahouden?

Ik realiseer me dat ook het oordeel van de Arnhemse rechter in de zaak-Schellekens mij om vergelijkbare redenen verbijsterde. Ook zijn abstracte oordeel was mijns inziens geheel losgezongen van de praktische werkelijkheid waarin veel ouderen zich bevinden en waar Schellekens wel gevoelig voor was. Dat hij volgens sommigen op onderdelen misschien onhandig kan hebben geopereerd, neemt niet weg dat de essentie van wat hij deed een barmhartige en geen criminele handeling was. Die werkelijkheid heeft niet de verdiende aandacht gekregen. Nu maar hopen dat daar inmiddels meer oog voor is gekomen.

Deze gedachten en overwegingen brengen mij ertoe eens te onderzoeken wat er te vinden is over 'immorele wetten'. Googlend op die term kom ik een aantal interessante artikelen en boeken op het spoor, die in elk geval helpen dit begrip wat uit te werken. Ook probeer ik mijn inzicht verder te ontwikkelen ten aanzien van de ethische en morele kanten van het recht, aan de hand van de opgespoorde literatuur hierover.

Ondertussen maak ik een afspraak met een emeritus hoogleraar ethiek aan de Universiteit voor Humanistiek in Utrecht en de persoon die mij als mogelijke deskundige was voorgesteld. Zijn naam was mij eerder al eens genoemd toen ik bij het Humanistisch Verbond te rade ging en nu kom ik er via een omweg toch terecht. We hebben een boeiend gesprek, waaruit duidelijk ook zijn vroegere betrokkenheid blijkt bij vragen rond het vrijwillige levenseinde. Hij verklaart zich bereid als deskundige op te treden in mijn zaak, waarbij hij zich vooraf zal verstaan met enkele collega's.

In dezelfde periode maak ik een afspraak met Koo van der Wal, eveneens een emeritus hoogleraar en filosoof-ethicus van humanistische signatuur, om met hem van gedachten te wisselen over de notie 'recht op sterven', die hij al vele jaren eerder eens in een artikel heeft besproken. Ook dat wordt een inspirerend gesprek.

Het blijkt ingewikkeld een datum voor de zittingen te vinden. Omdat Anker heeft aangegeven niet voor juni beschikbaar te kunnen zijn, verwachten we de zittingen rond die tijd, maar dat blijkt niet te lukken. Tenslotte horen we eind februari dat het september wordt: 3 september voor het horen van de deskundigen en 24 september voor de behandeling van de zaak zelf.

Dan doet zich het probleem voor dat een van de deskundigen op 3 september ver weg met vakantie is. Omdat Anker het erg druk heeft duurt het even voor dit kan worden opgelost. Aangezien zo'n deskundige verplicht is gehoor te geven aan de uitnodiging van de rechtbank, is dat een lastig probleem.

Pas op 10 juni spreken Anker en ik elkaar weer in Leeuwarden, om de losse eindjes op te pakken en bij de tijd te brengen en om het gesprek met de NVVE voor te bereiden, dat tien dagen later zal plaatsvinden. Op die bijeenkomst in Amsterdam wordt een goede oplossing gevonden voor het gerezen probleem rond de deskundigen: we vinden iemand die de plaats kan en wil innemen. Anker zal daartoe een aanvullend verzoek bij de rechtbank neerleggen. Verder wordt de campagne besproken die de NVVE wil voeren rond het reeds een paar maanden eerder door haar gelanceerde 'Manifest 294', onder het motto 'Hulp is geen Misdaad'. Dat betreft de afschaffing van het wetsartikel 294-2, dat de hulp bij zelfdoding verbiedt. De NVVE heeft vele publicitaire activiteiten op het oog rond het proces, zoals een politiek debat, krantenartikelen, demonstraties op de zittingsdagen en publieksdebatten. Die moeten daarop natuurlijk goed zijn afgestemd.

Deze bespreking wordt door Nan Rosens gefilmd. Zij is al drie jaar bezig met een documentaire over de hele gang van zaken rond het proces na de vertoning van haar film over Moek. Ze zal daarvoor ook opnamen maken tijdens de zittingen. De documentaire zal, dat is nu al duidelijk, begin oktober, na de zittingen maar vóór de uitspraak, worden uitgezonden.

Er zal in de komende maanden nog veel overleg plaatsvinden met Anker, Sutorius en de NVVE, om tot een goede afstemming en strategie te komen. Ook de taakverdeling tussen Anker en mij tijdens de zittingen zal aandacht krijgen. Al met al zal het een boeiende zomer worden. Ik heb er zin in en zie de uitspraak met vertrouwen tegemoet. Zeker wat mijzelf betreft, maar ook aangaande het lot van artikel 294 ben ik hoopvol gestemd, al zal de rechtbank daar natuurlijk geen rechtstreeks oordeel over kunnen vellen.

PERSBERICHT VAN HET ARRONDISSEMENTSPARKET ZUTPHEN

7 december 2012

Het Openbaar Ministerie (OM) in Arnhem-Zutphen heeft besloten om vervolging in te stellen tegen een 70-jarige man uit Bennekom die er van wordt verdacht dat hij zijn moeder heeft geholpen bij haar zelfdoding. Nederland kent een uitgebalanceerde euthanasiewetgeving waarin de essentiële waarborgen staan beschreven. Als aan de zorgvuldigheidseisen is voldaan zal het OM niet tot vervolging overgaan. Omdat de verdachte geen arts is kan hij geen beroep doen op de strafuitsluitingsgrond van de euthanasiewetgeving.

De 99-jarige vrouw overleed op 8 juni 2008 in Ermelo. Ze was niet ernstig ziek, maar wilde niet verder leven. In een documentaire die op 8 februari 2010 werd uitgezonden door het tv-programma Netwerk, maakte de verdachte publiekelijk bekend dat hij zijn moeder geholpen heeft bij haar zelfdoding. Voor die uitzending waren er geen indicaties van een onnatuurlijk overlijden.

Volgens het Openbaar Ministerie heeft de verdachte het strafbare feit zoals opgenomen in artikel 294 lid 2 Wetboek van Strafrecht gepleegd, nu hij heeft geholpen bij de zelfdoding van zijn moeder. Verdachte is geen arts en kan daarom geen beroep doen op de strafuitsluitingsgrond van de euthanasiewetgeving. Daarin staat opgesomd aan welke zorgvuldigheidseisen een arts moet voldoen om straffeloos hulp bij zelfdoding te plegen. Deze zorgvuldigheidseisen schrijven onder meer voor dat de betrokken arts een onafhankelijke tweede arts moet raadplegen en dat de hulp bij zelfdoding medisch zorgvuldig wordt uitgevoerd. Het OM is verder van mening dat de vraag of verdachte strafbaar is vanwege de gevoeligheid en complexiteit van de zaak, moet worden voorgelegd aan de rechter.

Het nemen van het besluit om al dan niet te vervolgen heeft geruime tijd in beslag genomen. Het formuleren van de vervolgingsbeslissing is met zeer veel zorgvuldigheid en na uitvoerig intern overleg gedaan en heeft om die reden de nodige tijd gekost. Zo heeft onder meer de Landelijke Reflectie Kamer uitvoerig naar de zaak gekeken en is er ook een rapport opgesteld door een externe deskundige.

De Landelijke Reflectie Kamer is bedoeld voor reflectie, evaluatie en visitatie van complexe juridisch-inhoudelijke zaken, voor de gevoelige en betekenisvolle zaken alsmede zaken met een hoog afbreukrisico. Dit soort zaken verdient de aandacht van een landelijke voorziening met de vereiste senioriteit, deskundigheid en kwaliteit. Het OM doet geen mededelingen wie deelnemen in deze reflectiekamer en wanneer zij over deze zaak spreken.

Het is nog niet duidelijk wanneer de zaak inhoudelijk wordt behandeld. In onderling overleg zal er een zittingsdatum worden bepaald voor de inhoudelijke behandeling.

UIT HET

FOTOALBUM

1913: Marie 5 jaar, met haar broertje Ko

1928: Marie 19 jaar

1928: Marie 19 jaar, in de Zwitserse bergen

1935: Als Montessori kleuterleidster in Eindhoven, 26 jaar

1941: Marie met Til, Theo, Floor en Johan van Gogh

1943: Mijn ouderlijke familie: Mammie, ik, El, Anseke, Nol, mijn vader

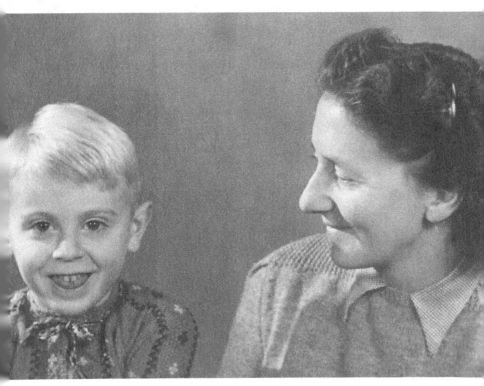

1947: Moek 39 en ik 5 jaar

1951: Moek met mijn vader in de tuin van het Studenten Sanatorium in Lare

1963: Moek aan haar grote weefgetouw in Midlaren

1983: Moek leest Minne en Aafke voor

1993: Moek met haar poes Peter

DANKWOORD

Dit boek zou er niet zijn als Lilian Kars mij in 2010 na het zien van de film niet benaderd had met de vraag of ze het verhaal van Moek mocht opnemen in het boek dat ze aan het schrijven was. Een boek met verschillende gesprekken met mensen die het voornemen hebben om uit het leven te stappen en met nabestaanden van mensen die dat deden. Een jaar later was ik eraan toe, maar ik wilde het verhaal wel zelf schrijven. Dit werd een boeiende samenwerking, maar het project dat daaruit voortkwam is helaas op de klippen gelopen. Ik hoop zeer dat de verhalen die zij optekende spoedig uitgegeven zullen worden, want ze zijn het meer dan waard. Ik blijf Lilian heel dankbaar voor het ei dat ze in mijn nest heeft gelegd en alle hulp bij het broeden, al is het kuiken uiteindelijk zonder haar bemoeienis tot volle wasdom gekomen. Ook haar even betrokken partner Paul, die enkele van de allereerste concepten van het nodige kritische commentaar voorzag, mag hier niet onvermeld blijven. Ik ben erg blij met de blijvende vriendschap die er, tijdens alle gedeelde belevenissen, uit onze frequente contacten is gegroeid.

Primair was natuurlijk de rol van Nan Rosens die de film maakte, waarmee alles is begonnen en waarop dit gelijknamige boek is geënt, maar zij heeft ook nog kritisch willen kijken naar de eerste versies van dit boek, voordat de uitgever er een welwillend oog op liet schijnen. Dat gebeurde tijdens een van de zeer inspirerende Schrijfweken die Geert Kimpen en Christine

Pannebakker in de loop van 2012 in Frankrijk organiseerden. Ik kwam daar met een ander doel, maar dit manuscript zocht nog een uitgever en die bleek daar aanwezig.

Dat er daarna nog veel moest gebeuren voordat dit boek naar de drukker kon, spreekt vanzelf. Zonder de constructieve en kritische blik van de redacteuren was dit boek niet geworden wat het nu is, al blijf ik natuurlijk zelf verantwoordelijk voor alle missers die er wellicht nog in te vinden zijn.

Voor een aantal foto's moest ik teruggrijpen op albums van Moek, die ik zelf eerder had afgestaan aan de familie van Gogh en de Reigerschool in Eindhoven. Beide dank ik zeer voor de mogelijkheid er nog eens gebruik van te mogen maken.

Minne en Aafke hebben het manuscript ook doorgenomen en nuttige commentaren en bijdragen gegeven, maar hun belangrijkste bijdrage ligt natuurlijk toch in hun aandeel in de film. Ik voel me trots en dankbaar twee zulke lieve en dappere meiden aan mijn zijde te weten. Maar mijn belangrijkste criticus, die vele concepten tot op het laatst toe las en met haar suggesties de inhoud heeft helpen verbeteren, was toch mijn lief, Lida. Zonder haar niet aflatende liefde, steun en stimulans, was dit kuiken nooit tot wasdom gekomen.

Bennekom, september 2013